金商法の改正案を含む最近の市場行政の動きについて

（令和5年9月26日開催）

報告者 齊 藤 将 彦

（金融庁企画市場局市場課長）

目　次

JN046462

金融商品取引法研究会出席者（令和5年9月26日）

金商法の改正案を含む
最近の市場行政の動きについて

○髙木常務理事　皆様、お忙しい中、お集まりいただきまして誠にありがとうございます。私は、日本証券経済研究所常務理事の髙木でございます。よろしくお願いいたします。

　本日は、金融商品取引法研究会の新しいセッションの第1回目の会合ですので、本日のセッションから新しくご参加の皆様をご紹介申し上げます。

　齊藤真紀様でございます。

　松元暢子様でございます。

　萬澤陽子様でございます。

　行岡睦彦様でございます。

　続きまして、新しくオブザーバーとしてご参加いただく方をご紹介させていただきます。

　齊藤将彦様でございます。

　坂本岳士様でございます。

　三宅ヨシテル様でございます。

　本多郁子様でございます。

　安藤崇明様でございます。

　森本健一様でございます。

　従来からご参加の方につきましては、恐縮ですが、お手元の委員名簿をご覧いただくことで、ご紹介とさせていただきます。

　当研究所からは、森本理事長が出席させていただいております。

○森本理事長　森本でございます。よろしくお願いいたします。

○髙木常務理事　なお、本日は、河村賢治様、松井秀征様、三井秀範様はご都合により欠席でございます。

　資料の確認ですが、お手元に本日のご報告者の齊藤様のご説明資料のほか、

議事次第、研究会設置要綱と研究会名簿を配付させていただいております。これらのうち、研究会設置要綱は、研究会の運営や研究成果の公表などに関しまして、これまでの例に倣い、基本的な考え方を整理させていただいたものでございます。ご理解をいただければ幸いに存じます。

　設置要綱のうち、研究成果の公表につきまして、若干敷衍して申し上げます。研究会におけるご報告及び討論の模様につきましては、毎回、速記録にとらせていただき、ご出席者にご校閲いただいた上、研究会に提出された資料と合わせ、その都度、『研究記録』として刊行するとともに、研究所ホームページに掲載させていただきたいと存じます。

　また、研究会での委員の皆様からのご報告に区切りがついたところで、研究会でのご報告及び討論を経て各報告者のもとで整理された論文を取りまとめ、単行本として刊行するとともに、研究所ＨＰに掲載させていただきたいと考えております。

　いずれも従来と同様に取り扱わせていただこうとするものですので、ご理解を賜りますようお願い申し上げますとともに、より迅速に研究成果を公表していくという観点から、見直すところがあれば、会長とも相談させていただいて見直していきたいと考えておりますので、よろしくお願いいたします。

　それでは、金融商品取引法研究会の新しいセッションの第１回目の会合を始めさせていただきますが、その前に、森本理事長よりご挨拶をお願いいたします。
○森本理事長　この７月から理事長に就任いたしました森本でございます。よろしくお願いいたします。

　金融商品取引法研究会は、私も以前からずっと研究成果を読ませていただいておりますし、参加もさせていただいたことがありますが、大変実績のある研究会だと考えております。また、研究成果に対して関係者の注目度も高い研究会だと考えております。

　したがいまして、本日から新しいセッションが始まりますが、ぜひ皆さんには意欲的に新しいテーマとか古いテーマであっても新しい視点から分析す

る等、そうした期待に応えるよう、よろしくお願いしたいと思います。

　なお、コロナもあってやむを得なかった面もありますが、研究会の開催が前回のセッションから２年くらい間隔が空きました。しかし、今後はもう少し効率的に運営したいと思います。期間が長引きますと、せっかく先生に研究していただいても、最終的な論文の公表までに時間が空いてしまいますので、あまりそういうことのないように、私どもとしても効率的にやりたいと考えておりますので、どうかご協力をよろしくお願いいたします。

○髙木常務理事　それでは、ここからの進行は会長をお願いしております神作会長にお願いしたく存じます。神作会長、よろしくお願いいたします。

○神作会長　学習院大学の神作でございます。伝統と実績のある日本証券経済研究所の金融商品取引法研究会の会長を務めさせていただくこととなりました。浅学非才の身でございますので、委員の皆様、オブザーバーの皆様、そして事務局の皆様のお支えを得て研究会を盛り立てていければと考えております。何とぞよろしくお願いいたします。

　それでは、金融商品取引法研究会の新しいセッションの第１回会合を始めさせていただきます。

　既にご案内させていただいておりますように、本日は金融庁企画市場局市場課長の齊藤将彦さんより「金商法の改正案を含む最近の市場行政の動きについて」と題するテーマでご報告をいただき、その後、ご報告をめぐってご討論を行っていただければと考えております。

　早速ではございますが、齊藤課長、ご報告をどうぞよろしくお願いいたします。

［金融庁企画市場局　齊藤市場課長の報告］

○齊藤報告者　７月に金融庁の市場課長に着任いたしました齊藤と申します。本日はこうした場にお招きいただきまして大変ありがとうございます。

　本日は１時間程度のご報告ということで、金商法だけでなく、２年幾許ぶりということなので、最近の市場行政をめぐる動きも含めてご報告させてい

ただければと考えております。

Ⅰ．資産所得倍増プラン

　早速ですが、1ページです。まず、全体像の目次ですが、昨年、岸田総理のもとで資産所得倍増プランを策定しております。これはかなり大きな動きでしたので、資産所得倍増プランに係る動きをご報告させていただいた後、国会で継続審査となっておりますけれども、法案の関係についてご説明させていただき、それ以外の市場改革の動向、金融庁において今後の検討課題となっている事項についてのご説明、これも岸田総理からのイニシアチブですが、資産運用立国を目指すということで、金融庁を挙げて検討しているところなので、その関連についてご説明させていただき、また近年の金商法に関連する法改正にも少し触れさせていただければと思っております。

1．家計金融資産の推移・構成比

　2ページです。資産所得倍増プランに係るものです。これは昨年5月に岸田総理がロンドンでスピーチされたことに端を発しております。家計の金融資産が2000兆円を超える状況にあるけれども、その半分以上は現預金になっているということで、これをもっと投資に振り向けることで、成長と分配の好循環をもたらそうというものでございます。このグラフは近年の我が国の家計金融資産の推移で、米国、英国と比べた家計金融資産の割合です。ご覧のとおり株式・投信といった投資性の商品の割合が、我が国は少なくなっている状況でございます。

2．家計金融資産の国際比較

　3ページは「家計金融資産の国際比較」です。米国、英国、日本で比べております。2000年から2021年末までを見ると、米国、英国ではそれぞれ家計金融資産は3.4倍、2.3倍へと伸びていますが、日本では1.4倍にとどまっている状況です。その背景としては、それぞれのグラフに載っている部分で

すが、運用リターンの違いも大きく影響しているのではないかと指摘されております。

3．家計の資産形成を支える各参加者の機能の底上げ①

　4ページです。こうした状況を踏まえまして、昨年の秋に内閣官房の資産所得倍増分科会が開かれて、鈴木金融担当大臣が提出した資料に課題が整理されております。家計の安定的な資産形成を図るためには、成長の果実が家計に分配されるという「資金の好循環」を実現することが重要だということで、そのためには家計の資産形成を支えるインベストメント・チェーンの各参加者が期待される機能を十二分に発揮することが重要です。

　【課題Ⅰ：金融事業者】においては、「顧客本位の業務運営」についての水準の統一と底上げということで、例えば販売会社については、仕組債などリスクがわかりにくく、コストが合理的でない可能性のある商品を、十分な説明なく推奨・販売されているという実態がある、アドバイザーについては、中立的で信頼の置ける助言サービスの提供がまだまだ進んでいないのではないか、アセットオーナーについては、運用の専門家の活用不足や運用機関の選定プロセスがどうなのか、そういった課題が指摘されているので、【対応】は、顧客や受益者の利益を第一に考えた立場からの業務運営を求めるための制度のあり方について、検討すべきではないかということを提示させていただいております。

4．家計の資産形成を支える各参加者の機能の底上げ②

　5ページです。インベストメント・チェーンの中の家計の部分です。

　【課題Ⅱ：家計】においては、資産形成に関連する金融経済教育を受ける機会が不足しているのではないかということです。学校や職場における資産形成に関連する金融経済教育を受ける機会は限定的である、担い手についても、事業者の方や業界団体が中心となっているということであれば、受け手に抵抗感があるというご指摘でございます。

【対応】としては、国全体として中立的立場から金融経済教育の機会提供に向けた取り組みを推進するための体制を検討すべきではないかということを提示させていただいております。

【課題Ⅲ：市場】に関連して、世界に開かれた国際金融センターとしての機能を向上させていくために、種々の取り組みを進めることが盛り込まれております。

5．国民の安定的な資産形成支援に関する法整備等①

6ページは、第3回資産所得倍増分科会で同じく鈴木金融担当大臣が提出した書類で、課題についての対応です。

「課題1：顧客本位の業務運営」については、顧客・最終受益者の利益を第一に考えた立場からの業務運営が確保されるよう、プリンシプルベースの取り組みにルール上も根拠を規定する、金融事業者のほかに年金関係者も加え、市場横断的な対応を図る、そういった対応が提言されています。

「課題2：金融経済教育・個人へのアドバイス」については、「金融経済教育推進機構（仮称）」を作って中立的な立場から推進する、その際には日銀が事務局をされている金融広報中央委員会の機能を移管・承継して、政府・日銀に加えて全銀協や日証協等の民間団体からの協力も得る、また、個人へのアドバイスについては、金融経済教育推進機構が認定した中立的なアドバイザーを支援するような枠組みを作ってはどうかといったことが提言されております。

6．国民の安定的な資産形成支援に関する法整備等②

7ページです。「課題3：国による資産形成支援」は、教育面では文科省、金融は金融庁、年金については厚労省ということで、政府内の連携が重要だろうということで、関係省庁や地方自治体・民間団体が連携して、国全体として、国家戦略として「基本的な方針」を策定することが提言されています。

8ページはご参考ですが、金融経済教育推進機構の役割のイメージという

ことで、左側の箱に書いてあるようなことを機構が行って、かつ中立的な助言サービスを行うアドバイザーについても見える化していくこと、そうしたことによって個人に個別具体的なアドバイスが行われるというイメージをしております。

7．資産所得倍増プラン（概要）

　9ページが、昨年11月に取りまとめられた資産所得倍増プランの概要です。

　「基本的な考え方」は、家計に眠る預貯金を投資につなげ、勤労所得に加え金融資産所得も増やしていくことが重要であること、中間層がリターンの大きい資産に投資しやすい環境を整備すれば、家計の金融資産所得が拡大していくこと、そして、家計のお金が企業の成長投資の原資となれば、企業価値が向上すること、企業価値が拡大すれば、家計の金融資産所得にも戻っていって、さらに拡大すること、こうした好循環を実現していきましょうということです。

　「目標」としては、5年間でNISAの総口座数、あるいはNISAの買付額を倍増させていく、その後、家計による投資額自体の倍増を目指していくという目標を据えております。

　「プランの方向性」については、7本の柱の取り組みを一体として推進することとされております。10ページです。「7本柱の取組」の概要です。

　第一の柱として、NISAの抜本的拡充や恒久化。

　第二の柱として、iDeCo制度の改革、加入可能年齢を70歳に引き上げるなどで、これは2024年の公的年金の財政検証に合わせて結論を得ることになっております。

　第三の柱として、中立的で信頼できるアドバイスということで、中立的なアドバイザーの認定を行う。

　第四の柱として、雇用者に対する資産形成の強化。

　第五の柱として、金融経済教育の充実。

第六の柱として、国際金融センターの実現。

第七の柱として、顧客本位の業務運営の確保。

こうしたものを総合的に取り組んでいくこととされております。

8．NISA の抜本的拡充・恒久化のイメージ

11 ページは「NISA の抜本的拡充・恒久化のイメージ」ということで、来年 1 月から適用される新しい NISA でございます。

大きく 2 つ枠組みがございまして、「つみたて投資枠」と「成長投資枠」は併用することができます。年間投資枠としてそれぞれ 120 万円、240 万円で、保有期間は無期限化されております。非課税保有限度額は両枠を合わせて 1800 万円で、これは簿価残高方式です。時価ではなく簿価でカウントするということで、売却して枠に空きがあれば再利用することができるという内容になっております。投資対象商品としては、つみたて投資枠は、積み立て対象としてふさわしくなるような長期の積立・分散投資に適した一定の投資信託、成長投資枠は上場株式などが対象となっております。

9．金融審議会　市場制度 WG　顧客本位タスクフォース中間報告　概要（2022 年 12 月 9 日）

12 ページです。先ほどの内閣官房の分科会に同時並行して金融審議会でも顧客本位タスクフォースにおいて議論をいただいております。この顧客本位タスクフォースの報告の内容は、エッセンスをプランに盛り込んでいくこととなっておりました。この顧客本位タスクフォースの中間報告についても、先ほどの資産所得倍増プランに盛り込まれている内容とかなり似ているところがあります。

例えば「金融リテラシーの向上」について、青字で書いているような、金融経済教育の機会提供に向けた常設的な推進主体を作るべきであるといった内容、「インベストメント・チェーン全体における顧客等の最善の利益を考えた業務運営の確保」では、幅広い主体一般に共通する義務を定めるべきで

あること、「顧客への情報提供・アドバイス」では、顧客の立場に立ったアドバイザーの見える化や、顧客へのわかりやすい情報提供、あるいは利益相反の可能性と手数料等についての顧客への情報提供のルール化、「資産運用業」では、資産運用会社のガバナンスや独立性の確保、プロダクトガバナンスの確保などに向けて、「顧客本位の業務運営の原則」の見直しなどについて検討すべきであること、こういった報告がまとめられております。

　以上が資産所得倍増プランに関連する内容でございます。

Ⅱ．国会提出法案

　続きまして、国会に提出している法案についてのご説明です。

1．金融商品取引法等の一部を改正する法律案①（概要）

　14ページです。今年の通常国会には、金融庁として2本の法案を提出しております。1つは金融商品取引法等の一部を改正する法律案、もう1つが、この後出てくる振替法の改正に係るものです。それぞれご説明させていただければと思います。

　両法案とも、本年3月に法案提出をし、6月に衆議院を通過しましたが、参議院において継続審査となっている状況です。まだ法律案の状況なので、内容については国会で審議中で、我々としても外向けに寄稿等の書き物は出していない状況なので、これから法案の中身について説明させていただきますけれども、口頭で多く補足説明をさせていただく形になろうかと思いますので、そこはご容赦いただければと思っております。

　金商法等の改正法案は、大きく3つのパーツがございます。「顧客本位の業務運営・金融リテラシー」に関するもの、「企業開示」に関するもの、「その他のデジタル化の進展等に対応した顧客等の利便向上・保護に係る施策」です。それぞれ次のページからスライドを用意しておりますので、次のページ以降でご説明させていただきます。

２．金融商品取引法等の一部を改正する法律案②（顧客本位の業務運営の確保）

15ページです。まず、顧客本位の業務運営の確保です。

今回の最大の目玉としては、①「最善の利益を考えた業務運営の確保」です。顧客等の最善の利益を勘案しつつ、誠実かつ公正に業務を遂行すべきといった内容を、金融事業者だけでなく企業年金等の関係者一般に共通する義務として法定化し、それによって顧客本位の業務運営の一層の定着・底上げと横断化を図るということです。

これについて若干補足させていただければと思います。誠実公正義務については、現在、金商法36条に規定がありますが、これを削除して、金融サービス提供法の方で横断的に規定することとしております。そして、この義務については、それぞれの行為規制に係る一般的・包括的規定ということで、具体的な行為規制を補完する機能を有すると考えております。

義務の対象者は、各金融業態、銀・証・保等の金融機関に加え、企業年金、確定拠出年金（DC）、iDeCo、厚生年金基金等が対象となっております。一方で、GPIF等については、政府のガバナンスによって加入者保護を図ることが想定されているという整理のもとで、対象外としております。

そして、顧客等の最善の利益を勘案しつつ云々という義務の対象となる業務は、各金融機関等が行う本業、年金だと積立金等の管理運営に関する業務ですが、そうした本業だけでなく、付随し、若しくは関連する業務で政令で定めるものについても含めることができることとなっております。これは法案が成立した後、政令の整備の中で具体的に検討していくべきことですが、例えば兼業規制があるような業種についてはもう少し広くかけていくことになろうかと考えております。

続いて、「顧客の最善の利益を勘案しつつ、誠実かつ公正に業務を遂行すべき」ということで、顧客の最善の利益を勘案することが現在の金商法の誠実公正義務に含まれるのか否かについても、内部でかなり議論があったところですが、これは明確ではないと考えております。これを明確に法律に規定することで、顧客の最善の利益を勘案することが、これまでの上乗せの義務

10

になるのか否かということについては、一概には言えないという整理になっております。

　この規定によって期待する効果は、これまでも顧客本位の業務運営に関する原則をソフトローの形で金融庁として定めており、それに基づいて金融機関の方々に取り組んでいただくように促してきたところです。これまでの原則の内容を法律化したということなので、法律になったから急に中身が変わるわけではなく、一層の定着を図っていくという趣旨と理解しております。ただ、法定化されたものなので、義務違反に対しては、状況によっては行政上の対応はあり得るものと考えております。

　②「顧客への情報提供の充実」に関して、内容は2つございます。1つは、金融商品取引業者等が、契約締結前に顧客の知識や経験等に応じて、契約内容の説明を行う義務を法定化したということです。もう1つは、金商業者等が、デジタルツールを効果的に活用して充実した情報提供を行うことを促すために、現在の書面の原則について、顧客のデジタル・リテラシーを踏まえて書面とデジタルのどちらで情報提供することも可能としたということです。注書きとして、見直しに際しては、顧客がその必要に応じて書面を求めることができる規定も府令事項として規定しようということです。

　これについても若干補足させていただきます。まず、契約内容の説明を行う義務の法定化については、現行でも内閣府令において、実質的説明義務ということで、前書面の交付に関して、顧客の知識、経験、財産の状況及び金融商品取引契約を締結する目的に照らして顧客に理解されるために必要な方法及び程度による説明をすることなく金商契約を締結することを禁止するという形で義務付けています。

　しかしながら、近年、商品の特徴やリスクについて、不十分な説明による勧誘が行われている事例が生じていること、あるいは顧客に商品性やコストに関する理解を十分得ることなく販売して、苦情に至っているような事例が認められている状況です。こうしたことを踏まえ、より十分な説明を行うことを担保するために、内閣府令レベルから法律レベルに引き上げることで、

こうした説明の重要性を示すといった内容でございます。

　これに関連して補足させていただきたいのは、実質的説明義務を法定化する際に、条文上、除かれる事項が出ております。説明義務の対象について、法定化する際に、技術的に、一部の契約締結前交付書面の記載事項を除いております。対象は市場リスクや、証拠金を上回る損失のおそれがある場合はその旨、また、内閣府令でも元本欠損等のリスク、こういったものが実質的説明義務から除かれることとなっております。

　これは政府部内での法制化における調整の過程においてそうした結論になったものです。金融サービスの提供に関する法律の方で、元本欠損が生じるおそれ等についての顧客への説明義務については既に規定があります。そちらの条文は、第一義的には説明義務違反について顧客が損害賠償請求をする基礎となるものではございますが、同時に行政法規としての機能もあるだろうということで、金融サービス提供法のほうで説明義務が課されているので、重畳的に金商法で課す必要はないという整理に基づいて、金商法の方では除いております。

　続きまして、書面とデジタルの情報提供についてです。顧客属性に応じた情報提供については、顧客のデジタル・リテラシーを金商業者が主体的に判断してデジタルツールを効果的に活用して、顧客に対してわかりやすく提供することが重要であろうと考えております。そうした中で、書面原則から、書面とデジタルのどちらでも可能とするということで、顧客の状況に応じて適切な方法でやっていただくことを企図しております。

　書面交付について、どちらでも選べるという改正案を盛り込んでいるのは、契約締結前交付書面のほか、契約締結時の交付書面、最良執行方針の書面交付、運用報告書の交付、こういったものについても書面原則をやめて、書面とデジタルのどちらでもよいという形にしております。

3．金融商品取引法等の一部を改正する法律案③（金融リテラシーの向上）

　16ページは金融リテラシーです。先ほどから申し上げておりますが、金

融経済教育をしっかりと推進していこうということです。

　内容としては、「対応」の①「資産形成の支援に関する施策を総合的に推進するための『基本方針』を策定」する、②「『金融経済教育推進機構』を創設」する、③「資産形成支援のための国と地方公共団体・事業者の協力・連携」規定を設ける、こういった内容でございます。

　まず、基本方針についてです。基本方針の案は内閣総理大臣が作成し、閣議の決定を求める、そして、この案を作成しようとするときは、金融審議会の意見を聞くという内容となっております。基本方針の具体的な内容としては、国民の安定的な資産形成の支援に関する基本的な方向、また、資産形成の支援に関する制度の整備、制度の利用の促進、教育、広報、あるいは国の行政機関や地方公共団体、民間の団体の連携・協力に関すること、こういったことを定める内容となっております。

　国、地方公共団体・事業者の協力・連携については、国を対象とする規定、地方公共団体を対象とする規定、事業者を対象とする規定を設け、それぞれ努力措置を定めております。

　続いて、金融経済教育推進機構について、もう少し触れさせていただきます。金融経済教育推進機構は、国がしっかりとサポートしていく体制のもとでやることが望ましいため、国が必要な関与をしていくということで、認可法人として1つに限り機構を設立することとし、政府出資ができ、政府が2分の1以上を出資することとなっております。

　合議制の意思決定機関として運営委員会を設置し、内閣総理大臣の認可を得た上で委員長が委員を任命していく、執行機関として、理事長と理事3人以内、監事を役員として設置する、理事長、監事については、内閣総理大臣が任命し、理事は理事長が内閣総理大臣の認可を受けて任命することになっております。また、必要な監督規定を設けております。

4．金融商品取引法等の一部を改正する法律案④（企業開示制度の見直し）

　17ページは四半期報告制度の廃止についてです。近年、非財務情報の重

要性が増大しております。その一方で、金商法の四半期報告書と取引所規則に基づく四半期決算短信には重複が見られるということで、コスト削減や効率化の観点から見直すべきという指摘があります。そのため、人的資本を含むサステナビリティ情報等の開示の充実と併せて企業開示の効率化の観点から、金商法上の四半期報告書を廃止するという内容となっております。

　具体的には、①上場会社の第1・第3四半期については、金商法上の四半期報告書を廃止し、取引所規則に基づく四半期決算短信に一本化する。そして、当面は四半期決算短信については取引所の規則として一律に義務付ける、今後、適時開示の充実の状況等を見ながら、取引所ルールの四半期決算短信のさらなる任意化については継続的に検討することになっております。また、四半期決算短信に虚偽があった場合、取引所のエンフォースメントをより適切に実施することとしております。

　②見直し後の半期報告書については、現行の第2四半期報告書と同程度の記載内容として、監査人によるレビュー、提出期限は決算後45日以内という内容としております。

　③半期報告書、臨時報告書は、法令上の開示の重要性が高まることから、現在の公衆縦覧期間がそれぞれ3年間・1年間で、課徴金の除斥期間は5年間となっておりまして、ずれが生じているということで、課徴金の除斥期間に合わせて5年間に延長するといった内容も盛り込んでおります。

5．金融商品取引法等の一部を改正する法律案⑤（その他の顧客等の利便向上・保護に係る施策①）

　18ページです。「ソーシャルレンディング等に関する規定の整備」ということで、クラウドファンディングの一形態であるソーシャルレンディングの規制を強化する内容です。ソーシャルレンディングについては、インターネットを用いてファンド形態で出資を募り、投資家からの出資を企業等に貸し付ける仕組みということで、貸付型ファンドという呼ばれ方もします。現行法ですと、投資家から出資を受けて、それを主として有価証券で運用するので

はなく、貸付で運用することになるので、投資運用業の対象にはなっておりません。

　これにつきまして、「課題」ですが、ソーシャルレンディング等の運用行為を行う第二種金商業者が運営するファンドをめぐっては、投資家への情報提供等に関する問題が認められる事例が発生しています。「対応」として、ソーシャルレンディング等の運用を行うファンドを販売する二種業者に対して、運用報告書の交付が担保されていないファンドの募集等を禁止するといった整備をしております。制度の整備に当たりまして、やや法制的な工夫をしている面もございますので、もう少し説明させていただければと思います。

　現行のクラウドファンディングの規制は、平成26年の金商法改正で制度を整備しております。まず、株式ではないファンド投資型のクラウドファンディングについては、自己募集や募集の取扱いを行う場合には第二種金商業の登録が必要になります。そして、インターネットを用いた募集等の取扱業務、これは電子募集取扱業務という定義になりますが、この電子募集取扱業務を行う場合、前書面に記載する事項のうち手数料やリスク等の重要な事項については、電子募集取扱業務を行う期間中、しっかりとインターネット上で表示するように、情報提供するということが義務付けられております。一方で、この規制は、あくまで電子募集取扱業務、すなわち募集の取扱業務についてということで、自己募集は規制対象になっていない状況でございます。

　そして、ソーシャルレンディング（貸付型ファンド）は、電子募集取扱業務から適用除外とされている状況です。当時の整理としては、ソーシャルレンディングについては、リスクマネーの供給とは少し異なる面があるという理由のもとで、貸付型ファンド自体が電子募集取扱業務から外されているということです。現在、ソーシャルレンディングは、募集の取扱形態のほか、自己募集の形態で行われていることもございます。このため、そもそも自己募集は電子募集に関する規制対象となっていないし、募集の取扱いになっていたとしても、ソーシャルレンディングの場合は電子募集取扱業務の対象になっていないという、二重の意味で電子募集に関する規制の対象になってい

なかったという状況です。

　また、現行法では、電子募集取扱業務のうち投資家からの申し込みまでインターネットで完結するものについては、さらに上乗せ規制を入れております。電子申込型電子募集取扱業務、どんどん定義が長くなって難しくなりますが、そうした電子申込型については、事前の審査や定期的な事業の状況に関する情報提供といった規制が、さらに上乗せされています。この上乗せ規制からも自己募集は対象外であったという状況になっています。

　こうした中で、ソーシャルレンディングにおいて投資家保護上、不適切な問題事例が発生したということです。問題事例の業者においては、ウェブサイトの募集ページ等で虚偽の表示が行われている、誤解を生ぜしめるような表示を行って取得勧誘を継続していたという内容になっておりまして、行政処分が行われたところでございます。

　今回の改正の内容は、スライドでは簡単に１つだけしか書いていませんが、もっと詳細にいろいろ規定しております。まず、行政としての把握をしっかりしようということで、登録申請書の中で電子募集取扱業務だけでなく、自己募集の電子募集業務をやる場合も、ちゃんと区別して登録申請書に書かせる、さらに、問題となったソーシャルレンディングをはじめとする貸付型ファンドに係る業務を行う場合についても、しっかりと登録申請書に書かせる、そうした行政としての把握をしっかりとする内容でございます。

　また、行為規制として、このスライドに出ていますが、ソーシャルレンディング等の貸付型ファンドについて、自己募集や募集の取扱いを行う業者については、投資家に対して運用報告書が提供されることがファンドの出資契約等において確保されていない場合には、募集等を禁止するという内容となっております。これは、現行法で分別管理が確保されていない場合の募集等を禁止する規定がございまして、これに倣って入れたものでございます。この規定については、募集の取扱いだけでなく自己募集も対象に含めております。

　その実効性確保として、金商業者が、運用報告書が投資家に提供されていないことを知りながら新たに募集等を行うことについても禁止しておりま

す。これも、先ほどの分別管理が確保されていない場合の募集等の禁止を担保するため、金銭の流用が行われていることを知った場合の募集等も禁止する現行規定があることとパラレルの形にしております。これらにより、そもそも運用報告書がちゃんと交付される契約等になっていないと募集等をしてはならず、実際に運用報告書が出ていないと知ったら募集等の継続もしてはいけない、そういう内容にしております。

また、先ほど申し上げました電子募集取扱業務として、リスクや手数料に関する情報をしっかりと表示して提供することを義務付けることについても、募集の取扱いだけでなく、これは電子募集業務という言い方をしますが、インターネットを用いた自己募集についても規制対象に追加しております。

そういった内容になっておりまして、この法改正が成立して施行される段階においては、先ほど申し上げたような現行法上、電子募集取扱業務からソーシャルレンディングが除外されているような部分については、きちっと規制対象に含める、また、電子申込型でインターネットで完結するような場合に関する上乗せ規制が入っている部分についても、しっかりとソーシャルレンディングも対象にし、かつ自己募集型でも同じように規制対象にすることで、規制の網をかけていきたいと考えております。

続きまして、「権利がトークン化される不動産特定共同事業契約への対応」です。不動産特定共同事業契約は、不動産特定共同事業法により、国交省がしっかりと監督するという前提のもとで、金商法の規制の対象には基本的にはなっておりませんが、最近、不動産特定共同事業契約上の権利をトークン化する動きが見受けられます。トークン化されてしまうとブロックチェーンを用いたセカンダリー取引での流通性が高まるので、これはしっかり規制の対象に含める必要があろうということで、トークン化された場合には金商法の規制の適用対象にするということです。

集団投資スキーム持分がトークン化された場合には、基本的に、電子記録移転権利として一項有価証券として取り扱われますが、それと同様、不動産特定共同事業契約上の権利がトークン化されたものについても電子記録移転

権利等として規制していくということです。それにより、トークン化された不動産特定共同事業契約上の権利を自己募集する場合には第二種金商業、募集の取扱いは第一種金商業の登録が必要となります。

６．金融商品取引法等の一部を改正する法律案⑤（その他の顧客等の利便向上・保護に係る施策②）

19ページです。「掲示情報等のインターネット公表」です。インターネットの活用が進むということで、今、標識は、物理的に営業所に掲示するということになっていますが、これをウェブサイトでも掲示するような規定にしていく、また、上場会社の役員等が短期売買利益を得た場合の利益額等の情報をインターネットでも公表するという内容です。これは若干テクニカルな話ですが、インターネットで情報を提供するということで、利便性は高まりますが、そうした場合に短期売買利益の利益関係書類の中に、役員等の氏名や住所が入ってしまうとプライバシーの問題があるので、そういったものを除く形で整備するという内容です。

「審判手続のデジタル化」です。民事訴訟手続については、昨年、法案が成立して、デジタル化を進めていくという内容になっておりますので、課徴金の審判手続についてもデジタルで完結できるように手当てするという内容です。

欄外に「上記のほか」として２つほど書いております。登録金融機関がトークン化された有価証券の預託を受けることができる範囲を拡大することと、投資法人の計算書類の規定の見直しでございます。登録金融機関がトークン化された有価証券の預託を受けることができる範囲の拡大については、電子記録移転権利の預託を受ける行為に関しては有価証券等管理業務とされており、金融機関は有価証券等管理業務の一環として電子記録移転権利の預託を受けることができることとなっておりますが、トークン化された二項有価証券から一定のものが電子記録移転権利の範囲外とされております。これを一般に適用除外電子記録移転権利といいます。

18

適用除外電子記録移転権利は、流通性が低くなるような措置として、例えば、発行者の承認がなければトークンの移転が行われない等の措置が講じられております。これは電子記録移転権利ではないので、現在、登録金融機関がその預託を受けることができないことになっていましたが、求められる安全管理措置などの観点からは、電子記録移転権利と同じような性質のものなので、その預託を受けることができるようにするという内容です。

　投資法人の計算書類に関する規定は、投資法人の利益の算定に当たりまして、開示情報がミスリーディングにならないように、評価額の部分について調整するという技術的な内容です。

７．情報通信技術の進展等の環境変化に対応するための社債、株式等の振替に関する法律等の一部を改正する法律案の概要

　20ページは、社債、株式等の振替に関する法律の改正案でございます。これはあまり大きな改正項目ではありませんが、取引所に上場されている有価証券の中で、唯一デジタル化されていない日銀出資証券をデジタル化する、また、先ほどと同じようなものですが、登録簿をインターネットで公表できるようにし、その際に個人情報は除く、公認会計士に対する課徴金の審判手続もデジタル化するという内容です。

　また、上場日程の期間短縮です。上場承認日から上場までの間が長ければ長いだけ価格変動リスクが生じるため公開価格が低くなる傾向があるということで、できるだけ短くするほうが望ましいと考えております。現行法では、①と②を合わせて法定ということで、既存株主からの口座情報の受け付けと金融機関での事務処理、この期間を合わせて１カ月以上確保することが求められております。これは、利用者保護、株主保護ということですが、株主の保護であれば、①の部分を法定すれば、②については金融機関の実務に短縮できるだろうという内容です。

　想定以上に時間が経過しておりますので、少し割愛させていただいて、もしご質問いただければご説明させていただきたいと思います。

Ⅲ．資産運用立国

1．「資産運用立国」のコンセプト

　資産運用立国に関するところで、43ページをご覧ください。上覧が今年の6月16日の骨太の方針です。下覧が、同日に閣議決定された新しい資本主義の実行計画です。アンダーラインを引いているところですが、資産運用業等の抜本的な改革に取り組んでいくことが重要だということで、新しい資本主義実現会議で年内に政策プランを作ることになっております。

2．社会課題解決と経済成長を両立させる金融システムを構築する　～資産運用立国の実現と資産所得倍増プランの推進～

　44ページです。インベストメント・チェーンの図ですが、去年の資産所得倍増プランは、主に青く塗っているあたりをやってきました。資産運用業やアセットオーナーの高度化、機能強化が残された課題ということで、これに取り組んでいこうというのが資産運用立国の目標です。

　45ページは、8月末に金融庁が公表した金融行政方針の記載の抜粋です。これから議論が深まっていき、ここに出ているものはその一部という感じになってくると思いますが、主な項目としては、運用会社等の資産運用力の向上やガバナンスの改善・体制強化といったことや、スチュワードシップ活動の実質化、新規参入の支援拡充等を通じた競争の促進で、先週、岸田総理がニューヨークでスピーチされたものがこういったところに出てきております。また、運用対象の多様化ということで、スタートアップ投資、オルタナティブ投資などを活性化していくこと等についても取り組んでいくこととしております。

Ⅳ．近年の金商法に関連する法改正

1．情報通信技術の進展に伴う金融取引の多様化に対応するための資金決済に関する法律等の一部を改正する法律案の概要

　近年の金商法に関連する法改正ということで、48ページをご覧ください。事務局の方から、今年の金商法改正案だけでなく、それ以前の法案についてもご説明いただきたいというお話をいただきました。これらの内容は必ずしも金商法の改正をメインにしたものではないので、私の所掌から離れる部分もかなりありますが、簡潔に説明させていただきます。

　まず、令和元年に改正した法律案です。資金決済法等の改正法案ということで、主に3つあります。「暗号資産の交換・管理に関する業務への対応」は、一時問題となっていましたが、暗号資産をオンライン上のホットウォレットで管理していると流出リスクが高いので、コールドウォレットでの管理を義務付ける、暗号資産交換業者に対して広告・勧誘規制を整備する、そういった暗号資産交換業者に対しての規制でございます。

　右上は金商法に係る改正です。「暗号資産を用いた新たな取引や不公正な行為への対応」として暗号資産を用いた証拠金取引について、FX取引と同様に販売・勧誘規制等を整備するということです。当時、約8割の取引は現物ではなく証拠金取引でしたが、証拠金取引は規制対象外であったことへの対応で、FX取引と同様に市場取引については二種業、店頭取引については一種業の対象になります。この制度整備に合わせて、レバレッジについても、FXは25倍ですが、暗号資産は2倍ということで、より強化しているところです。

　また、ICO（Initial Coin Offering）トークンについても、詐欺的に使われるケースが多かったということで、現在は下火になっていますが、規制的な対応を行っているところです。金融商品取引規制の対象となることを明確化する、つまり、金銭だけでなく暗号資産を対価としてトークンを発行する行為については、対価としての暗号資産は金銭に含まれることを明確にしてお

ります。また、株式等と同様に、投資家への情報開示の制度や販売・介入規制等を整備しております。これは先ほど出ましたが、トークン化された集団投資スキーム持分などについては電子記録移転権利として扱うことによって一項有価証券化することで、株式等と同様の開示規制の対象となり、また、業規制も同じような対応構造になります。

また、暗号資産の不当な価格操作等を禁止するということで、これはデリバティブだけでなく、暗号資産自体の取引も対象にしていますが、金商法の不公正取引の規定に沿って157条に相当する不正行為の禁止、風説の流布、偽計や相場操縦の禁止等の規定を設けております。

「その他情報通信技術の進展を踏まえた対応」として、情報の利活用の進展等を踏まえた対応などを盛り込んでおります。

市場関連でもありますので、一番下の記載を少し説明します。金融機関が行う店頭デリバティブ取引における証拠金の清算に関して、国際的に慣行となっている担保権の設定による方式への対応ということで、金融機関等が破綻するときに、債権債務のネッティングだけでなく、証拠金もあわせて一括してネッティングできることとするといった内容です。

２．金融サービスの利用者の利便の向上及び保護を図るための金融商品の販売等に関する法律等の一部を改正する法律案の概要

49ページは令和２年の法改正です。金融商品の販売等に関する法律等の一部を改正する法律ということで、「金融サービス仲介法制」については、金融サービス仲介業を創設するといった内容です。銀行法や金商法、保険業法について、仲介業や代理業等、それぞれの法律に基づく登録を得なくても、一括の登録を受ければ仲介サービスの提供ができるようになるということで、より利便性が高まるという狙いです。

金融サービス仲介業者へは、特定の金融機関への所属は求めないこととしております。所属金融機関がしっかりと教育するというのが既存の法制になっておりますが、所属金融機関の教育、指導がないということになるので、

利用者保護の観点から利用者財産の受け入れは禁止することとし、また、高度な説明を要しないと考えられる金融サービスに限り提供を可能とすることにしています。

「決済法制」については、資金移動業の規制の見直しで、1つ目は、100万円超の高額送金を可能とする新たな類型を認可制で作る、2つ目は、5万円以下の少額送金を取り扱う類型について規制を合理化ということで、供託にかえて分別した預金で管理することを認めるといった内容です。

3．安定的かつ効率的な資金決済制度の構築を図るための資金決済に関する法律等の一部を改正する法律案の概要

50ページです。これは昨年の通常国会で成立した資金決済法等を改正する法律で、大きく3つ内容がございます。左側が、いわゆるステーブルコインに関するもので、右側の上下の箱はマネロン対応です。

ステーブルコインへの対応については、電子決済手段というのは、下に小さい字で米印がありますが、「不特定の者に対して代価の弁済に使用すること等ができる通貨建資産であって、電子情報処理組織を用いて移転することができるもの等」ということで、法定通貨の価値と連動して価額、例えば1コイン＝1円のような形で発行されて、発行価額と同額で償還を約するものであり、デジタルマネー類似型となります。こういったものが電子決済手段ということで、我が国でも活用されるように環境整備をするということです。

電子決済手段については、発行、償還は為替取引に該当するということで、これまでの制度では銀行と資金移動業者しかできませんでしたが、これに加えて信託会社についても信託受益権を用いて発行者になることができることとされております。また、仲介業として、ご覧のような規制内容を設けております。

銀行などのマネロン対応では、取引のモニタリングやフィルタリングについて、より共同してやれるように為替取引分析業の枠組みを創設しております。

右下については、プリペイドカード（前払式支払手段）に関し、高額の電子移転ができるものも増えてきていることを踏まえた対応として、取引時のマネロンの確認義務等を規定するといった整備を行っております。1回当たりの譲渡額が10万円を超える、あるいは1カ月の譲渡額の累計額が30万円を超えるもの等を高額電子移転可能型前払式支払手段として、こういったものを発行する場合には犯収法の取引時確認義務等を適用するという内容になっております。

　随分割愛しましたが、私からの報告は以上でございます。

［討議］

○神作会長　大変丁寧なご説明をいただき、誠にありがとうございました。

　それでは、以上のご報告に関して、どなたからでも、またどの点についてでも結構でございますので、ご質問、ご発言いただけますでしょうか。

○大崎委員　ご説明、誠にありがとうございました。2点質問させていただければと考えております。

　1点は、資料17ページの四半期報告制度の廃止に絡むことです。金融審のワーキング・グループの報告書を見ていた段階ですと、四半期決算短信の提出が臨時報告書の事項になるという趣旨のことが書いてあったようにも思ったのですが、ここでは「取引所のエンフォースメントを適切に実施」となっておりますので、それはないという理解でよろしいのでしょうかというのが1つです。

○齊藤報告者　臨時報告書（臨報）の中に載せることにはなっていないと理解しております。

○大崎委員　もう1点は、45ページの、先ほどご説明いただいた資産運用立国に関係したことです。ご説明の中でも、先般、岸田総理がニューヨークで講演されたことについて触れておられましたが、あそこでは「資産運用特区」という言葉が出ていました。今までは国家戦略特区を活用した制度というニュアンスで語っておられたように思ったのですが、報じられている中身

を見ると、一律に適用されても何ら問題がないと言うと、ちょっと言い過ぎかもしれませんが、特段、地域を限ってやるような内容でもないように感じているのですが、これはどういう方向で今後進むのでしょうか。もし何かご意見なりご存じのことがあれば教えていただきたいと思います。

○齊藤報告者　岸田総理のスピーチの中には資産運用立国に関し、幾つかの項目が盛り込まれていると承知しております。例えば運用業者の新規参入を促進するためにバックオフィス業務などのアウトソーシングをやりやすくしていくといったことが、全国的に一律に緩和していくような内容だと思います。また、新規の運用業者の参入を促進するためにシードマネーを支援するプログラムを作るといったことも盛り込まれているのですけれども、そういったものについても、特区とは関係なく、一律にやっていく話だと思っております。

　ご指摘の特区も、スピーチでご発言されていたと思いますが、今後の検討次第ではあるものの、どこか規制の一部を特区対応で緩めるというよりは、もう少し行政対応を英語で完結するなど、外国の方が日本にやってきて、拠点を設けて登録をとって業務をやっていく上で、少しやりやすくするような観点ではないかなと理解しております。

○行岡委員　齊藤様におかれましては、貴重なご報告をいただき、ありがとうございました。私からは、顧客の最善の利益に関しまして、大きく２点質問させていただければと考えております。

　今回の金商法等の改正法案におきましては、金融サービス提供業者の顧客の最善利益に関する義務が法律レベルの義務として規定される予定であるということで、これは大きな前進なのだろうと思います。他方で、改正法案を拝見いたしますと、「顧客の最善の利益を勘案しつつ」という文言になっており、この点が少し気になりましたので、お伺いしたいと考えています。

　従来、顧客本位原則では、「金融事業者は（中略）顧客の最善の利益を図るべきである」（原則２）とはっきり書かれておりましたところ、顧客本位タスクフォースの報告書（金融審議会「市場制度ワーキング・グループ　顧

客本位タスクフォース中間報告」）では、それと同様の内容を法的な義務とすることが提案されたものと理解しておりました。

　また、諸外国を見ましても、欧州の MiFID や、米国の投資顧問法ないしレギュレーション・ベスト・インタレストでは、「顧客の最善の利益に従って」とか、あるいは「顧客の最善の利益のために」行動することが法的義務とされているのだと理解しております。

　これらと比べますと、今般の改正法案は、顧客の最善の利益をあくまで「勘案」すべきもの、すなわち考慮要素の1つにすぎないものと位置付けられているようにも読め、若干トーンダウンしているのではないかとも思われたところです。

　ご質問したいのは、改正法案は、金融サービス提供業者に顧客の最善の利益のために行動することを求めるものではないのか、という点でございまして、このような文言となった背景とか、齊藤様のお考えをお聞かせいただければ幸いです。これが1点目のご質問です。

○齊藤報告者　「顧客の最善の利益を勘案しつつ」とありますけれども、単に考慮すればいいという1つの要素ではなくて、勘案することも必要であるし、その上で誠実公正に業務を遂行することも求めているということです。先ほど申し上げましたように、誠実公正義務と顧客の最善の利益を勘案するということが、「誠実公正義務」に入っているのか入っていないのか、そことの関係もありまして、全体をつなげた形で、いずれにしても「すべき」ということで義務がかかっているということです。我々として、特に弱めるつもりで「顧客の最善の利益を勘案しつつ」という書き方をしているわけではございません。

○行岡委員　そうしますと、改正法案では、「金融サービス提供業者は顧客の最善の利益のために行動する義務を負う」ことを基本的には意図していると理解しても間違いではないということでしょうか。

○齊藤報告者　基本的にそのご理解で結構かと思います。

○行岡委員　2点目もこれに関連するところですので、もしよろしければ2

点目のご質問もさせていただいてもよろしいでしょうか。

○神作会長　どうぞ。

○行岡委員　金融事業者が顧客の最善の利益のために行動する法的義務を負うのだとしますと、今後は、顧客の最善の利益の追求・実現を妨げるような金銭的あるいは非金銭的なインセンティブについてどう考えていくのかが、法的問題として、ますます重要になっていくのではないかと思っています。

　すなわち、販売会社や投資アドバイザーが、例えば商品提供者からコミッションなどのインセンティブ報酬を受け取るといった場合を考えますと、販売会社やアドバイザーは、もちろん気持ちの上では顧客の最善の利益を追求するのだと思いますが、その反面、自社にとって、あるいは自らにとって最大の利益をもたらすような商品を顧客に推奨するといった、利益相反的なインセンティブを持つこと、ひいては、顧客の最善の利益のために行動する義務と背馳する行動をとってしまうおそれがあることも、否定できないように思われます。

　このような利益相反の問題については、英国ではリテール・ディストリビューション・レビューという表題で、10年以上前に大々的に議論されましたし、最近でも、米国のレギュレーション・ベスト・インタレストに関して議論され、今年に入ってからは欧州でも議論が再燃しているところであると理解しております。

　このような金融事業者の利益相反をもたらしうる報酬体系の懸念に対して、今般の法改正はどのように対応できると想定されるでしょうか。あるいは今後、法律、政令、府令レベルで何らかの対応をすることが計画、予定されていることがありますでしょうか。このあたりについてご感触をお聞かせいただけますと幸いです。

○齊藤報告者　ご指摘のとおり、販売会社が手数料を運用会社から取るということであれば、運用会社からの手数料の多寡に応じて、金融商品を顧客に対して推奨してしまうということが生じるおそれはあると思います。

　ただ、「顧客の最善の利益を勘案すべき」という義務が入ったことによって、

27

利益相反的なインセンティブの生じ得る手数料の収受をやってはいけないというところまで行くものではないと思っております。そういったインセンティブが働き得るということを販売業者の中でよく考えて、どうやって顧客の最善の利益を勘案した形で商品提供を行っていくかという方策を講じていただく方向で機能していくのではないかと理解しております。

○行岡委員　先ほど申し上げたインセンティブ報酬のようなものに対して、ルールベースで何か規制することを想定しているわけではなく、むしろ今般の法的義務としての顧客の最善の利益を、いわばプリンシプルベースで運用していく中で、利益相反の問題に適切に対処していくことが想定されているということでしょうか。

○齊藤報告者　そのとおりだと思っております。そしてまた、顧客のほうに対しては、そうした手数料がしっかりと開示されていくことが重要だと思いますので、そこは重要情報シートとかそういったものの中で、手数料がどの程度出ているのかといったことが顧客に伝わって、その中で商品の販売勧誘が行われていくことが重要かと思っております。

○行岡委員　私も同意見です。

○小出委員　今、行岡先生、大崎先生から出たことと私の質問したいところが一緒でしたので、この機会に発言させていただきます。

　まず1点目は、行岡先生からもご発言のあった「顧客の最善の利益を勘案し」というところについて、今の質疑応答でほぼ尽きているのかもしれないとも思ったのですけれども、「最善の利益を勘案しつつ」という文言が、これまでの誠実公正義務とどのような関係なのか、一概には言えないとおっしゃっておられましたので、実務的にはこれがどういう意味を持つのかというのは非常に大きな問題になるように思われます。

　冒頭のところで、これはある意味プリンシプルベースにルールベースを若干取り入れたとおっしゃっておられました。アメリカのレギュレーション・ベスト・インタレストは、ルールベースで相当細かな規定を置いているのだと思いますが、レギュレーション・ベスト・インタレストにおいては、具体

的な義務を果たせば最善の利益を果たしたものとするという条文になっていて、例えばディスクロージャーの義務、勧誘における注意義務、利益相反における行為義務、体制構築義務、そのような義務がかなり細かく書かれていたと思います。

　一方、今の行岡先生との議論を伺いますと、日本はルールベースを取り入れたとはいっても、アメリカ並みの細かなルール、つまり、これをやれば最善の利益を勘案したと言えるんだよというようなルールを金融庁として置かれることは、現時点では想定されていないということでよろしいのでしょうか。

　その上で、多分そうですということだと思っていて、また、私もそれでいいと思っています。というのは、米国と日本とでは、両方とも「最善の利益」と同じような表現をたまたま使っていますけれども、多分背景も目的も違うだろうと前々から思っているからです。

　米国のレギュレーション・ベスト・インタレストは、もとをたどればドット＝フランク法に入っていたものですから、加熱した投資というものがある前提で、それを抑制するための１つのルールメイクだったと思っています。

　一方、わが国の今回の「最善の利益を勘案しつつ」は、どちらかというと、日本はもっと投資をしていくべきだという背景から来たものなので、実は米国と向ういている方向が結構違っているということを考えると、あまり厳しいルールを置かずに、あくまでもプリンシプルベース、若干ルールベースを取り入れたとはいっても、何かを細かく規制するというか、業者の創意工夫を強く規制するという方向ではないのだということはいいことだろうと思っているのですが、その理解が正しいのかということについてお伺いできればと思います。

○齊藤報告者　顧客の最善の利益を勘案する規定は一般原則的な規定でございまして、行政処分等、具体的なアクションにつながり得るものではあると思いますけれども、それを超えて、具体的にこういったことを満たせば最善の利益を図ったことになるという規定を設ける構造にはなっていないという

29

ことで、そこは先生ご指摘のとおりだと思っております。

　また、この条文の機能のされ方としては、こういった規定が置かれることによって、各金融機関の方、年金関係の方が、それぞれの顧客、年金受給者の方に対してどういった行動をとっていけば最善なのかを考えていただいて、それに沿った形で対応していただく、プリンシプルのような形で機能していくことを期待しているものです。

○小出委員　もう１点、大崎先生からあった四半期報告書について聞きたかったので、まとめて質問させていただきます。

　四半期報告書について私がお伺いしたいのは、今回、このように制度が変わったことによって、開示すべき情報のあり方についても、ある意味、考え方が変わったのかということです。例えば会計の世界では、四半期の会計基準ですと、基本的にはそれ以外のものに比べて情報としてはなるべく簡素化するという形で基準が作られてきたと思います。

　しかし、今回、四半期報告書が義務付けられなくなって半期ベースになっていくと、半期報告書において開示されるべき情報の基準は、これまで四半期報告書で開示されるべき情報のような簡素化を前面に出したものではなく、有価証券報告書とまではいかないまでも、もう少し情報開示の充実を期待しているという方向にあるのでしょうか。それとも、むしろ今回の四半期報告書の廃止が短期主義に対する見直しという要素があるのだとすると、半期報告書に関する開示事項はさらに一層簡素化していくことが望まれているのでしょうか。このあたりについて、金融庁というか、むしろ金融審のお考えかもしれませんけれども、どのようなご議論があったのかについてお伺いできればと思います。

○齊藤報告者　半期報告書にどのような内容を盛り込んでいくかについては、金融庁の中で言うと企業開示課の所掌ですので、私が責任を持って申し上げられないところです。ただ、仄聞しておりますと、現在の第２四半期の四半期報告書で書いているようなレベルのものを半期報告書でということで、それをさらに詳細を充実していくという形で考えているものではないと

理解しております。

　半期報告書の内容としても、上場会社については、単体情報が対象ではなくて連結情報のみでいい、非財務情報についても重要事項でいいということになっておりますので、方向性として、四半期をやめて半期にすることによって、半期にしっかりと記載を追加するということではなくて、そこは一定に簡素化された中での現行の状況を続ける、そういった理解をしているところです。

○後藤委員　ご説明どうもありがとうございました。皆さんと同じところで恐縮ですが、最善の利益について、改めて確認の趣旨で質問させていただければと考えております。

　先ほどの小出先生のご発言をちょっと勘違いしているかもしれないのですが、私は少し認識が違う気がしまして、投資を促進したいというのが全体としてあるので、事業者の創意工夫を否定するものではないというよりは、みんなが安心して投資できるようにするために事業者の行動を縛るという側面は否定できないのではないでしょうか。むしろそのために入れているのだろうと思います。

　ただ、そのときに何をやればいいということを細かく規定するものではなくて、これまでも「誠実公正」ということは書いてあったけれども、抽象的な言葉なので、顧客の最善の利益を勘案していないことは誠実かつ公正ではないということが言いやすくなった。今までも考えていなかったわけではないけれども、そこにポイントがあるんですよということを示したのが、先ほどの行岡先生とのやりとりも含めて受け取ったところです。

　今までも金融庁がいろいろなところで言ってこられたときに、これを法定化したことの意味がどこにあるのかというと、先ほど齊藤さんがおっしゃっておられましたが、行政処分の根拠になり得るということです。まだこれは通っていないけれども、顧客の利益をあまり尊重していなかった保険代理店の行政処分に動かれているような気もしますので、本当にこれが必須だったのかどうかはよくわからない気もするのですが、そこを言いやすくなったと

いうところが効果と理解していいでしょうか。民事責任という可能性もなくはないのでしょうが、因果関係がどうかとか言い出すと、これを民事責任に持っていくのはなかなか難しいとすると、行政処分とか監督のよりどころが明確になると理解していいでしょうかというのが1つ目のご質問です。

○齊藤報告者　顧客の最善の利益を図るというところは、これまでの顧客本位の業務運営の原則を法定化して、しっかりと規定することで一層の定着を図っていきたいという趣旨です。そこは繰り返し申し上げているところですが、実際に金商業者等の業務に何か法令違反があるような場合については、それぞれの行為規制が具体的に定められておりますので、まずはそういった規定を根拠として行政対応をやっていくのだと思います。

　そういった行為規制でカバーされないような状況なのですが、よく考えてみると、この業者のやった行為については、顧客の最善の利益を図るという観点から全くそぐわない状況の中で顧客に対してふさわしくない商品の提案を行っている、そういった状況があるのであれば、この条文が行政対応の1つの根拠として機能することはあると思います。

　現行でも誠実公正義務はありますが、誠実公正義務に違反しているからということで処分する事例はかなりレアだと思います。あくまでそれぞれの禁止規制があって、そこに違反しているということで対応していくのが基本だと思いますけれども、そういうふうに最終的な一般原則としてこの条文が使われていくのだと考えております。

○後藤委員　もう1点は、厳密に言うと2つあるのですが、スタートアップ関連も今回のプランの大きな内容かなと思います。まず20ページで、上場までの期間を短くしようという話があって、それ自体は非常に結構なことかと思うのですが、今1カ月のところを、信託銀行、証券会社の事務処理の合理化で短くできるとありますが、どのくらい短くなるのでしょうか。これが1日、2日でも大きいことなのかもしれませんが、ちょっと小粒な感じもします。既存株主からの口座情報の受付のところをもっと短くすることはあり得なかったのでしょうか。ひょっとしたらこれは業界の方に伺ったほうがい

いことなのかもしれませんが、そこのご感触を伺えればと思います。

　あと、省略された「今後の検討課題」にスタートアップ関連の話があります。私はあまり詳しくないのですが、最近話題になっているのは税制じゃないかと思います。ストックオプション税制で非常に大きな混乱が生じたという中で、それはもちろん担当部局にそれぞれのロジックがあって、やむを得ないこともあろうかとは思いますが、そこは政府内で調整して、もう少し見通しが立つようにするということはご検討されているのかいないのか。お答えになりにくいかなと思いつつ伺っていますが、可能な範囲で教えていただければ幸いです。

○齊藤報告者　まず振替のほうですが、既存の株主からの口座情報受付期間をさらに短くすることについては、株主等の保護のために一定の期間を設けているので、ここを短くすると株主の方にとっては不利益になってしまうため、そこを短くするよりは、②の方を短くする形にしたいというのが今回の法案です。

　現行の実務では、①、②を合わせて平均的に 33 ～ 34 日かかっていると承知しております。①は、現行の実務では 2 ～ 3 週間ぐらいとっているのが通例だと聞いておりますので、現行の実務を踏まえながら、投資家、株主等の保護のために必要な期間はしっかりとりつつ、そこを規定することによって、①と②を合わせた全体の期間の②の部分を短縮していく。どのくらいの日数になるかというのは、実務との兼ね合いもありますが、一定の短縮化が図られていくことを期待するところです。

　もう 1 点、ストックオプション税制は経産省と国税庁の問題で、金融庁が関与しているものではありません。スタートアップ関連の税制改正は主に経産省が取り組んでいらっしゃると思うのですが、金融庁としても一緒に乗るところは、今ですと、例えばイギリスに VCT という上場しているベンチャーファンドがあって、これはかなり税制優遇しているのですが、こういったものを見ながら何か税制改正ができないかという要望を出しているところです。

税制以外にも、スタートアップに対してお金を流しやすくする観点は非常に重視しておりまして、今取り組んでいる内容としても、例えばクラウドファンディングをもっと使いやすくするとか、ベンチャーキャピタル（VC）を通じてベンチャー企業にお金を流していくときに、VCについてもいろいろと課題があるという声も聞こえておりますので、そうした課題について何か取り組んでいくことはできないか、あるいは、非上場株式の流通市場は今あまりないと思うのですが、最初にベンチャーに投資して、その後、セカンダリーがしっかりとあることが発行市場の活性化にもつながる面があると思いますので、流通市場について何かやれることはないか、例えばPTS規制などについて取り組んでいく予定です。

○松本オブザーバー　今ご質問がございましたスタートアップの上場日程の期間短縮についてですが、期間が「１か月以上」と法律に書かれているものが、その下の府令のレベルで定められることになると思いますので、ここのところはフレキシブルな対応ができることが大きいかと思います。

　②の証券会社や信託銀行の事務についてまだ詳しい検討はできていないのですが、DXの流れもありますので、できるだけ効率化して、今より１〜２日ということではなく、おそらくもう少し短縮されると見込んでいます。

○神作会長　補足いただき、どうもありがとうございました。第１点について、私も一言だけ申し上げさせていただければと思います。

　スタートアップ企業の上場日程の期間短縮の話は、より公正なIPO価格を決めるために、上場日程が長いことがIPO価格と初値の乖離を生じさせる１つの原因になっているので、それをどのようにして短縮するかということを多面的に検討しています。そのような様々な手段のうちの、今、松本さんが言われたように、法改正を必要とする部分という位置付けで、齊藤さんからご説明をいただきました。これは、私が齊藤さんに専ら法改正や法制上の論点を中心にお話ししてくださいとご依頼申し上げたためでして、そのため上場日程の期間短縮のために検討されている事項のうち法改正に関連する部分だけが切り取られたような形になっておりますが、上場日程の期間を短

縮していく様々な工夫の中の1つという理解だと思います。

○松元委員　少し別の点についてご質問させていただければと思います。

　最善利益原則との絡みもあるのですが、最善利益原則の法制化が考えられていたときに、金商法に規定されるのかなと何となく思っていたのですけれども、最終的に、「金融サービスの提供及び利用環境の整備等に関する法律」に位置付けられることになったということで、しかも、これに伴って金商法にあった「誠実公正義務」は削除されるということです。「誠実公正義務」は、金商法の中ではそれなりに存在感のある規定だったかと思うので、これが金サ法に移るというのは興味深いなと思っています。

　ご質問ですが、金サ法と金商法の関係というか、今回の「誠実公正義務」と同じように、今後も金商法から金サ法に移す予定のルールとか規定があるのかといった大きな方向性について、もし何かお考えがあれば教えていただきたいと思います。

○齊藤報告者　金商法と金サ法の関係ですが、従来ですと、投資サービス法としては金商法が基本法だという頭が、我々も含めて先生方の皆様にもあったものと思います。そこに、徐々に金融商品販売法が拡充されていって、金サ法になり、今や金サ法の方がやや基本法になりかかってきているという状況にあります。金商法と金サ法のどちらが基本法的なものなのかというと、これからの傾向としては、金サ法のほうが基本法的な色彩を帯びていくのではないでしょうか。金サ法の対象としている範囲が、金商法の「金融商品取引業者等」よりも広がっているところもあって、そちらの方がより基本法的色彩を帯びていく傾向になっていくのではないかなと私は思っております。

　今後移していくものがあるかということですが、今のところ念頭に置いているものは特にありません。

　ただ、先ほども金商法と金サ法の両方に同趣旨の規定を置くことについては、あえて金商法から除く調整をしたことを申し上げました。必ずしもそれが本当にいいのかどうかというのは我々の中でも議論が随分あったところで、両方規定があって何か問題があるのかということですが、最終的には政

35

府内の調整により、金サ法で定めることで効果において何ら変わるものではないということで削除したわけです。

　今後も、金融に関する分野についての規制をいろいろ入れるときの調整過程の中において、金商法から抜かれて金サ法に行くものはあり得ることだと思っております。

○松元委員　大変よくわかりました。

　24ページでお示しくださっている金サ法の「目的の改正」が今回されるようなのですが、ここは、これから金サ法がどちらかというと基本法になっていくことを若干明確化したような位置付けという理解でよろしいのでしょうか。

○齊藤報告者　ここの「目的の改正」は、政府として金融教育などについて推進するための基本方針を作ったり、金融経済教育推進機構を作ることを盛り込むことに合わせて、金融サービス提供法について目的規定から変えていったという内容です。目的規定について、金サ法は今後こういったスコープで法律の範囲を考えていこうということで目的の改正案を作っているというよりは、今回、具体的に入れようとした基本方針とか金融経済教育推進機構とか、そういった規定を入れていく上で、法の目的としてそこがカバーできるような目的としてはどういうものがいいのかということで改正しようとしている、そういう過程です。

○松元委員　そうしますと、改正後の金サ法が基本法ですよということまで明確に言っているところでは必ずしもないかもしれない、必ずしもこれが基本法ですよということを示すために目的を変えているわけでもないということでよろしいでしょうか。

○齊藤報告者　基本法という定義が特にあるわけではないですけれども、これをもってこれが基本法だと定めようとしているものではないということです。

○松元委員　大変よくわかりました。ありがとうございます。

○神作会長　ほかにいかがでしょうか。

○飯田委員　今の点に関連してご質問します。

　まさに投資サービス法構想というか、幅広い有価証券概念とか、さまざまな議論の流れの中で、金融サービス提供法の方向に行くのが非常に望ましい方向なのではないかなと個人的には思っているところです。今後も、特に投資勧誘絡みの業規制のあたりは、そちらで統一的にルールを作ってもいいのかなと個人的には思っています。これは感想です。

　質問は、15ページ右側の実質的説明義務の法定化の話です。昔は、ご存じのとおり、金融商品販売法に説明義務の規定はあるけれども、それは民事責任の根拠にはなっても、行政処分の根拠にはしにくいので金商法で定めるのだという流れで出発したと理解しています。

　ただ、今日のお話を伺う限りは、金融サービス提供法と法律の名前は変わっていますけれども、実体は変わっていないというか、金サ法の条文は変わっていないのですが、それはある意味、行政処分を打つというか、行政規定というか、そういう性質を持つものだと、性質が変わったという理解で政府では調整されたということなのかどうかを伺えればなと思いました。

　それが悪いという趣旨ではないのですが、例えば金融仲介業の規定が入って、金融サービス提供法と法律の名前が変わったあたりで性格が変わったとか、そういう整理もあるかなという気もしているのです。そのあたり、内部でご検討された際の何か苦労話があるのではないかなと思いますので、伺えればと思います。

○齊藤報告者　ご指摘のとおり、金融商品販売法ができた当時は、民事上の義務を定めているものということで、それを根拠に行政的な対応をすることまで想定していたかというと、私の理解としては、そこまではいっていなかったのだろうと思っております。その後の時代の変遷を経て、今日的には行政法規としての効果もあるという理解に至っています。

　ただ、これもどの時点で変わったのかというと、金融庁の公式見解はないと思いますし、今でも、金融庁職員の中には、あくまでも金サ法で書いていることは基本的には民事上の話であって、これをもって行政的な対応をとる

ことは、両方規定があるのであれば金商法がメインであろうという考え方を持っている人もいると思います。公式見解として、このタイミングでこう変わっていったということを申し上げられるようなものではないと思っています。

　金サ法が今日的には行政法規としての機能を持っている状況になっているという理解のもとで、今回の法案ではその調整を図ったということです。

○神作会長　ほかにいかがでしょうか。

○加藤委員　ご説明ありがとうございました。私も、今後の金サ法の行く末に興味がありますので、一点、質問します。

　金サ法２条２項では金融サービスの提供等に係る業務を行う者が列挙されていますが、その中には金融庁が監督権限を有していない業者も含まれていると思います。同項の業者、すなわち、金サ法が適用される事業者の範囲について、何か限界があるのか興味があります。

　例えば資金決済法の定める資金移動業者は２条２項の業者に入っていますが、同じく決済サービスを提供する割販法上の業者は入っていません。一方、年金関係については、厚生労働省が監督権限を有する者が含まれていると思います。うまく表現できないのですが、金サ法の性質上、ある事業者を同法２条２項の者に含めることについて何か制約があるのでしょうか。

○齊藤報告者　どの業態を金サ法の対象にしていくかということについては、金サ法の規制を及ぼすことが適当であるとなれば、そちらに移していくことになろうかと思います。今回、年金関係が入っていますのも、資産所得倍増プランがあって、インベストメント・チェーン全体としてうまく機能していかないと、成長と資産所得の好循環を図ることができないだろうということで、インベストメント・チェーンの、ヒエラルキーで言うと一番トップになるアセットオーナーのところから、顧客、年金受給者の方のことをしっかりと考えて最善のことが行われることが重要だ、そういったものが必要だということで、政府部内の調整を経て金サ法の中に入っていっているということです。

その時々の政策課題があって、それを達成する上で金サ法の中に入れていって、それで何か新しい規制の枠組みを作っていくことは十分にあり得ると思います。ですので、何か法律の性質として制約があるというわけではなくて、今後も弾力的に運用されていくのではないかと個人的に思っています。

〇松井（智）委員　皆さんが法律のお話をしているところで政策の話をすることになり申し訳ないのですけれども、政策立案の過程に関する説明で2ページ目、3ページ目の資料を毎回見るので、お伺いしたいと思います。

　貯蓄から投資という話をしているときには、常にこのページのような家計資産の規模というマクロなデータが出てくるのですけれども、平成の時期は銀行からの融資がなかなか難しい時期もあったりして、企業にお金を供給することも含めてセットで政策を考えていたと思うのですが、今回の政策は、分厚い中間層の創出を中心に掲げており家計を保護しましょうというのが政策の中心になっているのだとすると、従来に比べてどこの層を守ってあげたいと思って政策を作っているのかということが大事になってくるのかなと思います。

　そうだとすると、年齢層とか資産規模に分けて、どこが、どのくらい、どういうふうに資産を持っているのかということをもう少し深掘りした上で、だからこういう政策が必要だというふうに展開していくのがよい気がするのですが、政策立案の資料としては、おなじみといいますか、この10年20年マクロでどのぐらい資産規模が増えたよという国際比較しか出てこない。政府として政策を説明する上では、もう少し深堀りしたものでなければ説得力が出ないという気がするのですけれども、いかがでしょうか。

〇齊藤報告者　ご指摘のとおり、家計金融資産といっても、当然家計は一様ではありません。よりリスクをとりやすい若年層もいれば、リスクを減らしていくべき高齢層の方もいると思いますので、年齢層とか個々人の状況に応じてとるべき投資行動は違うと思います。年代別みたいな資料もきちんと示して説明した方がより丁寧ということは、そのとおりかと思います。

　我々がこの資料を使って説明したいのは、全体のマクロの状況として、貯

蓄からもう少し投資のほうにお金が向くことが、投資の収益が家計の金融資産をもっと増やしていき、投資されたものが日本企業の新たな成長マネーとなっていけば、日本企業の活性化に資する、それがまた個人に裨益するということがありますので、そういったマクロ的な意味でもっと投資に向いていってもらいたい、そういう趣旨でございます。

　ご指摘のとおり、家計、個々人の方、特に年齢層などに応じて状況は全く違っておりますので、一律に投資すべきというわけではないことは、そのとおりかと思います。今回の法案の中でも、金融経済教育推進機構でやるべき教育内容として、投資教育に偏向すべきではないことはかなりご指摘を受けているところですので、もう少し金融リテラシーや、自分の状況をしっかり分析して、その状況に応じて金融商品を選択できるよう、基礎的な教育について、しっかりやっていくことが重要であると理解しています。

○松井（智）委員　省庁自体が政策を決めるわけではないにせよ、実際に政府が掲げるような大きい方針を作るためにデータをフィードするときに、できた政策を根拠づけられるだけのデータを持っていることは必要だと思います。こうした資料しか出ないと、どの程度データを持って政府の政策ができているのかということを考えてしまうので、詳しい情報を持った上で政策ができていると示せれば、安心かなと思っております。

○中東委員　私も松井先生と同じ問題意識を持っています。個別の金融資産保有者を見ていくというのもありますし、今回、ヨーロッパについてのデータがないですけれども、例えばドイツでは預貯金の割合が比較的高かったり、国が持っている制度的な背景との関係で、各世代がどういうふうに捉えているかということも知りたいと思いました。例えば社会福祉が万全の国で、自分の生活は確保されていると思っている国民がどれだけ余裕資産を投資するかという話と、今の日本の私の世代のように、老後2000万円ないと困りますよと言われて、どうしようと思っている人がどういう投資ができるか、随分違うような気もしました。日本国内でも、私の親の世代は、年金を受給していて、それだけで十分に生活ができているようです。私の世代は、年金で

は足りずに、2000万円の蓄えが必要であると言われています。私の子ども
の世代は、最初から年金を当てにはしていないようです。このような個人を
支える制度の状況によっても、金融資産の保有状況も異なってくる気がしま
す。このあたりをさらにお教えいただければと思います。基本的な問題意識
は松井先生と同じです。

○齊藤報告者　もう少し精緻な分析をあわせてやっていくことの重要性は、
ご指摘のとおりかと思いますので、今後行政を進めていく上で参考にさせて
いただければと思います。

○武井委員　詳細なご説明、ありがとうございました。

　資産倍増計画の第四の柱「雇用者に対する資産形成の強化」の中に、「取
組を企業に促す」とあります。端的なご質問は、例えば1万人とかたくさん
の人が働いている企業がこうした中立的なアドバイザーさんを雇うという選
択肢もありえると考えてよろしいでしょうか。何を言っているかといいます
と、個々人のいろんな人が個々の個別努力でリテラシーを上げるには限界が
ある気がしています。他方で今いろんな企業さんが昼休みとかに資産運用形
成セミナーとかを従業員とか向けにやっていらっしゃいます。アドバイザー
さんへのお金を誰が払うのかというときに、たとえば働いている企業さんが
払うという選択肢がありえると思ったのですが、そういう理解でよろしいで
しょうかというご質問です。

○齊藤報告者　中立的な認定アドバイザーがしっかり活用されていくことが
重要だと思っておりますが、一方で、顧客からフィーを取っていくのは、根
づいていくまでには道のりがあろうかと思います。そうした中で販売業者な
どからフィーをもらうのではなくて、中立的なアドバイザーの業務がしっか
り成り立つようになっていくことが重要だと思っています。

　資産形成を考える上では、当然学生に対する金融教育は重要だと思います
けれども、給与所得が入り始めた層に対し、職域において、しっかり金融経
済教育を行っていくことは非常に重要だと理解しております。

そうした観点から、企業の方々が中立的なアドバイザーを活用して、そこに企業側からお金を払いながら、従業員の方に対してアドバイザーに相談できるような場を設けていただけることが広がっていけば、それは大変望ましいことだと理解しております。

〇武井委員　ありがとうございます。おっしゃるとおり、各受益者のために誰かが動くという話なわけで、それについてそれなりに労力・コストもかかっているわけです。民法の世界でいうと売買の関係で売るほうが買うほうにどのくらい、いろんなことを配慮しなきゃいけないのかというと、それはなかなか難しい問題があります。それを今回は委任的な世界を取り入れ、善管注意義務的なところを働かせるのだと思いますけれども、委任に伴うコスト負担がひとつの論点となります。その中でたとえば企業さんが、ウェルビーイング経営とか人的資本経営とかの最近の諸要請も踏まえて、一翼を担っていくと。しかもアドバイザーさんに対しても事実上のチェック機能といいましょうか、教育推進機構が知るべき情報の前段階の情報を、企業さんが把握でき、いろんなモニターもできるかもしれません。企業というのは営利企業に限らず大学とか非営利法人とかも含めてですが、そういった組織がいろんな形で取組みを活用するなど、第四の柱も各種工夫に期待していますので、よろしくお願いいたします。助成云々の前に、こうした建てつけの話の根本も重要かと思った次第です。

〇神作会長　終了の時刻が近づいておりますけれども、まだお一人ぐらいご発言の機会を設けたいと思いますが、ご希望の方はいらっしゃいますでしょうか。

〇齊藤委員　松井委員、中東委員が取り上げられた点につきまして、今後本研究会で取り上げられることはあまりないテーマかもしれませんので、この機会にお伺いいたしたく思います。

　まず、感想めいたことで、松井委員の発言にもございました、中間層の資産を投資に回すことを目指す、という点につきまして、高度成長期を支えた「分厚い中間層」が現在果たして日本に存在するのかが問題になっている現

状において、ここでいう中間層とはどのような世帯を指しているのかについて、年齢別というのもそうなのですが、世帯所得別の資産構成も考えつつ、各世帯のどのような資産構成の中で、どのような投資行動を促していくのがよいかについて、もう少しきめ細やかなシミュレーションをしていく必要があるのではないかという感想を持ちました。

　日本の一般家庭の大きな出費として、住居、教育、老後の資金が挙げられますところ、資料では、英米と比較されているのですが、この資金の確保の仕方は各国で事情はずいぶんと違うのではないかと思われます。住居については、これまでの日本では、終身雇用を前提に長期間の住宅ローンを組んでかなり長い間かけて確実に完済する、そして住居用不動産を資産として保有し、これが老後の資金源の一つというのが一つのパターンではないかと思いますが、これは、アメリカなどとは随分違うのではないかと思います。また教育については、日本は諸国に比べて、学校教育内外の教育費の負担が非常に重いところ、育児世帯に長期の投資をする余裕がそもそもあるのか、という課題があります。老後については、年金制度が破綻しつつあるために、今回の政策の一つの意義は、老後の資金確保に自助を促す点に見いだされると思われます。その点に関して、一般家庭の資産運用を、各ライフステージを通じて見たときに、それぞれの所得階層において、どのタイミングでどのぐらい投資に回していく現実的であるかを踏まえつつ、政府としてもプランを考えなければいけないと思われますところ、このマクロのデータだけで、現預金の一部を投資に回せる余裕があるといえるわけではないので、実際には、その実現はなかなか難しいのではないかなという印象を持ちました。

　そのような難しい課題に取り組むにあたり、中・高における金融教育のあり方は、とても重要なことであると思われます。というのも、国民一人ひとりが、社会保障の現状も踏まえ、リスクを負いつつ計画的に将来の資金作りをするという自助を促していく必要があるからです。他方で、公教育の現場は疲弊しており、金融教育をするよう呼びかけて、あとは丸投げであるために、ノウハウを持たない現場が混乱したり、あるいは、やる気のある先生た

43

ちが自分のための時間を犠牲にして授業を準備したりするような事態になってはよくないと思われますので、文科省などと協力しつつ、中学校や高校の授業カリキュラムの中に制度的に組み込んで、この度設立される機構で育成された専門家がそこに派遣されていくというエコシステムができることが望ましいと思われます。そのため、金融庁が文科省との間で足並みをそろえて政策を実施していく必要があるように思われるのですけれども、そのあたりの話し合いのようなものはあるのでしょうか。

○齊藤報告者　学校教育については、学習指導要領の中に金融経済教育が入り、今後さらに教育が充実していくことも想定しておりますので、法案が成立すれば、金融経済教育推進機構の中で教材やコンテンツを作成したり、学校へ講座の展開をしていったり、そういったことを行うことで教師の先生方との連携を図る、また、文科省との連携は、ご指摘のとおり、とても重要だと思っております。今回の法案の中でも、基本方針の中で、関係行政機関の連携についても触れていくことになっておりますし、金サ法の中に「関係省庁が連携して務めること」という規定も入っているので、縦割りにならないようにしっかりと連携を図りながらやっていくという趣旨は入っていると思っております。

　そういった趣旨の規定が入っている中で、法案が成立した後の運用については、しっかりと連携を図れるように取り組んでいきたいと思います。

○神作会長　議論も尽きないところではございますけれども、終了予定時間を過ぎておりますので、本日の討議はこのあたりで終わらせていただきたいと思います。齊藤さん、大変貴重なご報告をありがとうございました。

　ここで、今後の研究会の運営について申し上げます。次回は、議事次第にもございますように、10月13日（金）午後2時～4時に、大崎委員からご発表いただく予定でおります。また、次の次の回につきましては、11月に宮下委員からご報告いただく予定となっております。大崎委員、宮下委員、ご準備よろしくお願いいたします。

　その後の運営につきましては、既に事務局より委員の皆様に、報告を希望

されるテーマ案とその時期について、10月13日を締め切りにアンケートを既にとらせていただいております。その結果を整理して決めてまいりたいと思いますが、本日の齊藤さんのご発表、ご報告及びその後の議論等も、テーマ案を決めるときの1つの資料と申しますか、判断材料にしていただければと思います。

　委員の皆様におかれましては、可能な限りアンケートへの早期のご協力をお願いできればと思いますとともに、どうしても報告の時期が後ろの方に集中する傾向がございますので、早い時期のご報告は大歓迎です。

　もう1点、最初に髙木さんからお話がございましたが、実は前のセッションのときに、研究成果をタイムリーに公表する必要が多いテーマが少なくないので、公表を遅らせないために2分冊に分けて、半分は終わった時点で、残り半分は半分が終わったところで出そうとしたのですけれども、ご承知のように、結局1冊目に非常に時間がかかってしまって、2倍時間がかかってしまうという状況になっているのではないかと思います。早期の公表に向けて、いろいろ考えてお願いさせていただくこともあろうかと思いますけれども、何とぞご協力をよろしくお願いいたします。

　それでは、本日の研究会はこれにて閉会とさせていただきます。誠にありがとうございました。

金商法の改正案を含む最近の市場行政の動きについて

2023年9月26日（火）

企画市場局市場課長
齊藤将彦

金融庁
Financial Services Agency, the Japanese Government

【資料目次】

家計金融資産の推移・構成比

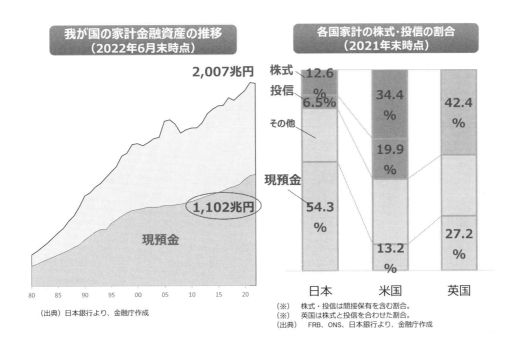

我が国の家計金融資産の推移
（2022年6月末時点）

2,007兆円

現預金

1,102兆円

80　85　90　95　00　05　10　15　20

（出典）日本銀行より、金融庁作成

各国家計の株式・投信の割合
（2021年末時点）

株式　12.6%
投信　6.5%
その他
現預金　54.3%

34.4%
19.9%
13.2%

42.4%
27.2%

日本　米国　英国

（※）　株式・投信は間接保有を含む割合。
（※）　英国は株式と投信を合わせた割合。
（出典）　FRB、ONS、日本銀行より、金融庁作成

家計金融資産の国際比較

■　2000年からの2021年末までを見ると、米国・英国では、それぞれマクロの家計金融資産は3.4倍、2.3倍へと伸びているが、日本では1.4倍に留まっている。背景として、運用リターンの違いも大きく影響していると分析される。

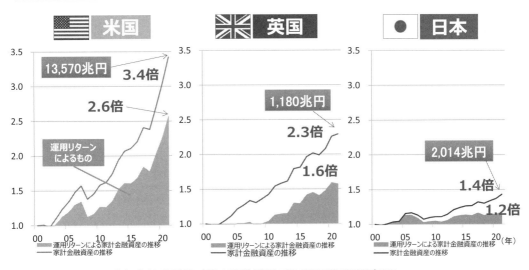

米国

13,570兆円　3.4倍
2.6倍
運用リターンによるもの

00　05　10　15　20
■ 運用リターンによる家計金融資産の推移
― 家計金融資産の推移

英国

1,180兆円
2.3倍
1.6倍

00　05　10　15　20
■ 運用リターンによる家計金融資産の推移
― 家計金融資産の推移

日本

2,014兆円
1.4倍
1.2倍

00　05　10　15　20（年）
■ 運用リターンによる家計金融資産の推移
― 家計金融資産の推移

（注）　上記の運用リターンによる資産の伸びは、資産価格の変動による伸びから算出しており、利子や配当の受取りを含まない。
（注）　21年末時点の値。米国、英国については、21年12月末の為替レートにて換算（1ドル＝115.08円、1ポンド＝155.742円）
（資料）　FRB、ONS、日本銀行より、金融庁作成

家計の資産形成を支える各参加者の機能の底上げ①

> 家計の安定的な資産形成を図るためには、成長の果実が家計に分配されるという「資金の好循環」を実現することが重要。

> そのためには、家計の資産形成を支えるインベストメント・チェーン（投資の連鎖）（※）の各参加者が期待される機能を十二分に発揮することが必要。（※）顧客・受益者から投資先企業へ投資がなされ、その価値向上に伴う配当等が家計に還元される一連の流れ

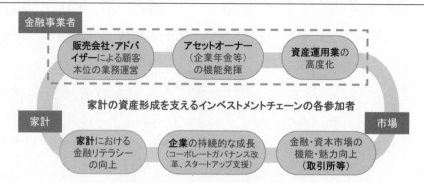

金融事業者

- 販売会社・アドバイザーによる顧客本位の業務運営
- アセットオーナー（企業年金等）の機能発揮
- 資産運用業の高度化

家計の資産形成を支えるインベストメントチェーンの各参加者

家計　市場

- 家計における金融リテラシーの向上
- 企業の持続的な成長（コーポレートガバナンス改革、スタートアップ支援）
- 金融・資本市場の機能・魅力向上（取引所等）

【課題Ⅰ：金融事業者】「顧客本位の業務運営」について、水準の統一と底上げ

販売会社：リスクが分かりにくく、コストが合理的でない可能性のある商品を十分な説明なく推奨・販売（例：仕組債、ファンドラップ、外貨建一時払い保険）

アドバイザー：消費者に対して中立的で信頼できる助言サービスの提供を促進するための仕組みづくり

アセットオーナー：運用の専門家の活用不足や運用機関の選定プロセス

資産運用業：顧客利益より販売促進を優先した金融商品の組成・管理　等

【対応】
顧客や受益者の利益を第一に考えた立場からの業務運営を求めるための制度のあり方について検討

- 4 -

家計の資産形成を支える各参加者の機能の底上げ②

金融事業者

- 販売会社・アドバイザーによる顧客本位の業務運営
- アセットオーナー（企業年金等）の機能発揮
- 資産運用業の高度化

家計の資産形成を支えるインベストメントチェーンの各参加者

家計　市場

- 家計における金融リテラシーの向上
- 企業の持続的な成長（コーポレートガバナンス改革、スタートアップ支援）
- 金融・資本市場の機能・魅力向上（取引所等）

【課題Ⅱ：家計】
資産形成に関連する金融経済教育を受ける機会の不足

学校や職場において資産形成に関連する金融経済教育を受ける機会は限定的。担い手についても事業者や業界団体が中心であり、受け手に抵抗感。

【対応】
国全体として、中立的立場から、金融経済教育の機会提供に向けた取組みを推進するための体制を検討

【課題Ⅲ：市場】
企業の持続的な成長を実現し成長の果実を拡大し、世界に開かれた国際金融センターとしての機能を向上させていくため、サステナブルファイナンスの推進や取引所・PTS（私設取引システム）の機能強化等に取り組むとともに、コーポレートガバナンス改革（非財務情報の開示等）やスタートアップの支援（IPOプロセスの見直し等）を進める。

国民の安定的な資産形成支援に関する法整備等 ①

課題1：顧客本位の業務運営

- 金融事業者・年金関係者等において、顧客本位の業務運営を確保することが重要。

- これまでプリンシプルベースの対応により、金融事業者の取組みを促してきたが、現時点でも、顧客利益に適さない金融商品の販売が散見されるなど、顧客本位の業務運営の確保は不十分。

顧客本位の業務運営の水準の統一と底上げ

- 顧客・最終受益者の利益を第一に考えた立場からの業務運営が確保されるよう、プリンシプルベースの取組みにルール上も根拠を規定。

- 対象に、金融事業者の他に年金関係者（企業年金等）も加え、市場横断的な対応を図る。

課題2：金融経済教育・個人へのアドバイス

（金融経済教育）
- 官民による様々な取組みが行われているが、資産形成に関する金融経済教育が国民の隅々まで行き届いていない。

- 中心的な担い手である業界団体は、販売目当てと思われ敬遠。

（個人へのアドバイス）
- 個人が信頼できるアドバイザーが身近に不在。

- 特定の金融商品の仲介業や代理店に偏らないアドバイザーの振興が重要。

- 投資初心者層へのサポートが必要。

金融経済教育の充実・中立的なアドバイザーの見える化

（金融経済教育）
- 中立的な立場から金融経済教育を提供する「金融経済教育推進機構（仮称）」を、法律に基づき設置（令和6年中）。

- その際、金融広報中央委員会（事務局：日本銀行）の機能を移管・承継するほか、運営体制の整備や設立・運営経費の確保に当たっては、政府・日銀に加え、全銀協・日証協等の民間団体からの協力も得る。

- 適切な役割分担の下、官民一体となって、金融経済教育を戦略的に実施。

（個人へのアドバイス）
- 機構がアドバイザーの中立性を認定。
  ※ 認定中立アドバイザーの支援策（補助金等）も検討。

- リスクの低い商品（例えば、つみたてNISAやiDeCo）に対象を絞った投資助言業の登録要件の緩和を検討。
  ※ 当局の監督体制の整備を併せて検討。

国民の安定的な資産形成支援に関する法整備等 ②

課題3：国による資産形成支援

- 金融経済教育に関する政策や金融・資本市場に関係する事業者・年金等の監督は、文部科学省・厚生労働省等、関係省庁の連携が重要。

- 政府一丸となって、省庁横断的に、家計の安定的な資産形成を実現するための施策を総合的に推進していくことが重要。

- 関係省庁だけでなく、地方公共団体・民間事業者等においても、家計の安定的な資産形成を推進するための取組みを進めていくことが重要。

省庁横断的な取組みの推進

- 資産形成支援に関連する施策を関係省庁や地方自治体・民間団体等が連携して、国全体として総合的かつ計画的に推進すべく、国家戦略としての「基本的な方針」を策定する。

- 金融庁が事務局機能を担い、関係省庁の連携を促すとともに施策の調整・フォローアップを行う。

- 機構設置前にも官民協議会を設置した上で、官民の幅広い関係者が協力して資産形成に必要な施策の協議・推進にあたる。

第3回資産所得倍増分科会
鈴木金融担当大臣説明資料(抜粋)

1. 金融経済教育の充実・強化

金融経済教育推進機構(仮称)

官民一体となった
戦略的な金融経済教育の実施

・教材／コンテンツの作成

・学校や企業等への講座の展開

・個人への個別相談
（ライフプラン等に係る一般的な情報提供）

・中立アドバイザーの認定・研修

・統計作成（各種施策の効果検証）等

2. 中立的な助言サービスの提供

FP（ファイナンシャル・プランナー）等

業務を限定の上、
要件緩和等を検討

投資助言
業者

中立アドバイザー

見える化

個別相談

ライフプランや銘柄推奨に関する
個別具体的なアドバイス

個 人

- 8 -

資産所得倍増プラン（概要）（令和4年11月28日新しい資本主義実現会議決定）

金融庁作成

1．基本的な考え方

● 「新しい資本主義」を資金の流れで見ると、家計に眠る現預金を投資につなげ、勤労所得に加え金融資産所得も増やしていくことが重要。

● 中間層がリターンの大きい資産に投資しやすい環境を整備すれば、家計の金融資産所得が拡大。また、家計の資金が企業の成長投資の原資となれば、企業価値が向上。企業価値が拡大すれば、家計の金融資産所得は更に拡大し、「成長と資産所得の好循環」が実現。

● 従来は、株式や投資信託への投資は、一部の富裕層が行うものというイメージがあったが、デジタル化等の進展により、投資経験の浅い方も含めて、幅広く資産形成に参加できる仕組みを整備し、中間層の資産所得を大きく拡大することが可能。

2．目標

① 5年間で、NISA総口座数（一般・つみたて）の倍増（1,700万から3,400万）、NISA買付額の倍増（28兆円から56兆円）

② その後、家計による投資額（株式・投資信託・債券等の合計残高）の倍増を目指す。これらの目標の達成を通じて、長期的な目標として資産運用収入そのものの倍増も見据える。

3．プランの方向性

● NISA等について簡素でわかりやすく、使い勝手のよい制度とする重要性、長期積立分散投資の有効性の幅広い周知の必要性、消費者に対して中立的で信頼できるアドバイザー制度の整備の必要性等を踏まえ、資産所得倍増に向けて、以下の7本柱の取組を一体として推進する。

● なお、税制措置については、今後の税制改正過程において検討する。

- 9 -

第一の柱：家計金融資産を貯蓄から投資にシフトさせるNISAの抜本的拡充や恒久化

NISA制度の恒久化を図る。併せて、非課税保有期間の無期限化と非課税限度額の引上げを進める。

第二の柱：加入可能年齢の引上げなどiDeCo制度の改革

加入可能年齢を70歳に引き上げる。拠出限度額・受給開始年齢の引き上げについて、2024年の公的年金の財政検証に併せて結論を得る。

第三の柱：消費者に対して中立的で信頼できるアドバイスの提供を促すための仕組みの創設

金融経済教育推進機構（仮称）が中立的なアドバイザーの認定を行う。助言対象を絞った投資助言業（例えば、つみたてNISAやiDeCoに限定）の登録要件を緩和する。

第四の柱：雇用者に対する資産形成の強化

職域において中立的な認定アドバイザーを活用した取組を企業に促す。

第五の柱：安定的な資産形成の重要性を浸透させていくための金融経済教育の充実

中立的な組織として金融経済教育推進機構（仮称）を設立する。国全体として総合的かつ計画的に推進すべく、国家戦略としての「基本的な方針」を策定する。

第六の柱：世界に開かれた国際金融センターの実現

金融資本市場の活性化、金融行政・税制のグローバル化、生活・ビジネス環境整備と効果的な情報発信などを総合的に進める。

第七の柱：顧客本位の業務運営の確保

「顧客本位の業務運営に関する原則」の見直しや必要なルールの整備を図る。

NISAの抜本的拡充・恒久化のイメージ

（2024年1月から適用）

	つみたて投資枠 併用可	成長投資枠
年間投資枠	120万円	240万円
非課税保有期間（注1）	無期限化	無期限化
非課税保有限度額（総枠）（注2）	1,800万円 ※簿価残高方式で管理（枠の再利用が可能）	
		1,200万円（内数）
口座開設期間	恒久化	恒久化
投資対象商品	長期の積立・分散投資に適した一定の投資信託〔現行のつみたてNISA対象商品と同様〕	上場株式・投資信託等（注3）①整理・監理銘柄②信託期間20年未満、毎月分配型の投資信託及びデリバティブ取引を用いた一定の投資信託等を除外
対象年齢	18歳以上	18歳以上
現行制度との関係	2023年末までに現行の一般NISA及びつみたてNISA制度において投資した商品は、新しい制度の外枠で、現行制度における非課税措置を適用 ※現行制度から新しい制度へのロールオーバーは不可	

（注1）非課税保有期間の無期限化に伴い、現行のつみたてNISAと同様、定期的に利用者の住所等を確認し、制度の適正な運用を担保
（注2）利用者それぞれの非課税保有限度額については、金融機関から一定のクラウドを利用して提供された情報を国税庁において管理
（注3）金融機関による「成長投資枠」を使った回転売買への勧誘行為に対し、金融庁が監督指針を改正し、法令に基づき監督及びモニタリングを実施
（注4）2023年末までにジュニアNISAにおいて投資した商品は、5年間の非課税期間が終了しても、所定の手続きを経ることで、18歳になるまでは非課税措置が受けられることとなっているが、今回、その手続きを省略することとし、利用者の利便性向上を手当て

金融審議会 市場制度WG 顧客本位タスクフォース中間報告 概要（2022年12月9日）

❑ 家計の安定的な資産形成の実現に向けて、インベストメント・チェーン（注1）全体における顧客や最終受益者の最善の利益を考えた業務運営の確保、顧客への情報提供・アドバイスの充実、金融リテラシー向上への取組み等、利用者の利便向上と保護を図るための幅広い施策が必要。政府において「基本的な方針」を策定し、これらの施策を関係者が協力して総合的・計画的に実施。

家計	←	アドバイザー FP 投資助言業者 等	金融商品の販売者 金融商品取引業者 金融商品仲介業者 登録金融機関 等	金融商品の組成・管理者等 資産運用会社 企業年金 等

インベストメント・チェーン全体における顧客等の最善の利益を考えた業務運営の確保

金融リテラシーの向上

➤ 個人が主体的に金融商品・サービスを選択し、安定的な資産形成を行えるよう、生活設計や家計管理、社会保障・税制度等も含む、広範な金融リテラシー向上の取組みの推進

➤ 金融経済教育の機会提供に向けた体制を整備（推進主体の常設化）

➤ 顧客の最善の利益を図るべきであることを、金融事業者及び企業年金関係者なども含む資産形成を支える幅広い主体一般に共通する義務として定めるなどにより、顧客本位の業務運営の定着・底上げや横断化

顧客への情報提供・アドバイス

➤ 顧客の立場に立ったアドバイザーの見える化
➤ 顧客への分かりやすい情報提供のルール化、デジタル技術の情報提供への活用
➤ 利益相反の可能性と手数料等についての顧客への情報提供のルール化
➤ 組成者が組成に係る費用等を販売会社に情報提供するための体制整備

資産運用業

➤ 資産運用会社のガバナンスや独立性の確保、プロダクトガバナンス（注2）の確保、に向けて、「顧客本位の業務運営の原則」の見直しやルール化等を検討

（注1）顧客・受益者から投資先企業へ投資がなされ、その価値向上に伴う配当等が家計に還元される一連の流れ。
（注2）想定する顧客を明確にし、その利益に適う商品を組成するとともに、そうした商品が想定した顧客に必要な情報とともに提供されるよう、販売にあたる金融事業者へ必要な情報を提供することや、商品組成・情報提供のあり方について継続的に評価・検証等を行うこと。

【資料目次】

金融商品取引法等の一部を改正する法律案①（概要）

デジタル化の進展等の環境変化に対応し、金融サービスの顧客等の利便の向上及び保護を図るため、
「顧客本位の業務運営・金融リテラシー」、「企業開示」等に関する制度を整備

顧客本位の業務運営・金融リテラシー

- 成長の果実が家計に分配されるという「資金の好循環」を実現し、家計の安定的な資産形成を図る観点から、以下の取組を実施

顧客本位の業務運営の確保

- 最終的な受益者たる金融サービスの顧客や年金加入者の最善の利益を勘案しつつ、誠実かつ公正に業務を遂行すべきである旨の義務を、金融事業者や企業年金等関係者に対して幅広く規定
- 顧客属性に応じた説明義務を法定するとともに、顧客への情報提供におけるデジタル技術の活用に関する規定を整備

金融リテラシーの向上

- 資産形成の支援に関する施策を総合的に推進するため、「基本方針」を策定
- 利用者の立場に立って、金融経済教育を広く提供するため、「金融経済教育推進機構」を創設
  - 〔業務〕金融経済教育の教材・コンテンツの作成、学校や企業等への講座の展開、個人に対する個別相談 等
  - 〔形態〕認可法人
  - 〔役員〕理事長（1人）、理事（3人以内）等
  - 〔ガバナンス〕運営委員会（委員、理事長、理事）を設置、金融庁が認可・監督
  - （参考）上記のほか、機構は、資産形成等に係る相談・助言を容易に受けられる環境を整備

企業開示

- 非財務情報の開示の充実に向けた取組（注1）と併せて、企業開示の効率化の観点から、金融商品取引法上の四半期報告書を廃止（注2）
  - （注1）府令改正によりサステナビリティ情報の開示の充実を図る
  - （注2）第1・第3四半期の開示については、取引所規則に基づく四半期決算短信に一本化
- 半期報告書、臨時報告書の公衆縦覧期間（注）を5年間（課徴金の除斥期間と同様）に延長
  - （注）現行の公衆縦覧期間は、半期報告書3年、臨時報告書1年

その他のデジタル化の進展等に対応した顧客等の利便向上・保護に係る施策

- ソーシャルレンディング（注）等を行う第二種金融商品取引業者について、投資家に適切な情報提供等が行われなかった事例を踏まえ、運用報告に関する規定を整備
  - （注）インターネットで集めた出資を企業に貸し付ける仕組み
- 不動産特定共同事業契約（注）をトークン（デジタル）化する動きが見られていることを踏まえ、他の電子記録移転権利と同様、当該トークンに金融商品取引法のルールを適用
  - （注）出資を募って不動産で運用し、収益を分配する仕組み
- 金融商品取引業者等のウェブサイトにおいて、営業所に掲示する標識と同内容の情報公表を義務付け
- 虚偽の財務書類の開示を行った企業等に対する課徴金納付命令に係る審判手続のデジタル化

金融商品取引法等の一部を改正する法律案②（顧客本位の業務運営の確保）

- 2017年3月、金融事業者が主体的に創意工夫を発揮し、良質な金融商品・サービスを提供することを促すため、プリンシプルベースの「顧客本位の業務運営に関する原則」を策定（金融事業者の判断で採択）
- この「原則」に基づき、顧客の最善の利益の追求等の取組が進められてきたが、以下の課題が指摘されているほか、「原則」を採択していない、方針等を公表していない金融事業者も多く存在

課題

家計

② **金融商品の販売会社**
- リスクが分かりにくく、コストが合理的でない可能性のある商品を十分な説明なく推奨・販売（例：仕組債）

金融商品の運用会社
- 顧客利益より販売促進を優先した金融商品の組成・管理

アセットオーナー（企業年金等）
- 運用の専門家の活用不足、不十分な運用機関の選定プロセス

①

対応

① 最善の利益を考えた業務運営の確保

- 顧客等の最善の利益を勘案しつつ、誠実かつ公正に業務を遂行すべきである旨を金融事業者や企業年金等関係者一般に共通する義務として法定することで、顧客本位の業務運営の一層の定着・底上げと横断化

対象

金融商品取引業者	銀行	信託銀行	保険会社
資金移動業者	貸金業者	企業年金	・・・

② 顧客への情報提供の充実

- 金融商品取引業者等が、契約締結前に顧客の知識や経験等に応じて、契約内容の説明を行う義務を法定
- 金融商品取引業者等が、デジタルツールを効果的に活用して充実した情報提供を行うことを促すため、書面を原則としていた規定について、顧客のデジタル・リテラシーを踏まえつつ、書面とデジタルのどちらで情報提供することも可能とするよう見直し
  - （注）見直しに際しては、顧客がその必要に応じて書面を求めることができる規定も整備［内閣府令改正事項］

金融商品取引法等の一部を改正する法律案③（金融リテラシーの向上）

課題

■ これまで、政府、金融広報中央委員会、金融関係団体、学校、職場等において、資産形成の啓発や教材の作成等、金融経済教育に関する取組が実施されてきたが、以下のような課題が存在

- 金融経済教育を受けたと認識している人は約7%
- 職域でも、確定拠出年金加入者への継続投資教育が不十分との指摘
- 長期投資や分散投資等のリスク抑制効果を認知している人は約4割
- 投資詐欺などの被害事案も引き続き散見、近時はSNSを通じた投資勧誘のトラブルも発生
- 政府、金融広報中央委員会、金融関係団体等による取組や連携を強化すべきとの指摘

金融経済教育を受けたと認識
- 認識している 7%
- 認識していない 93%

長期・分散投資等のリスク抑制効果の認知
- 知っている 15%
- 聞いたことはあるが詳しくは知らない 26%
- 知らない 59%

対応

① 資産形成の支援に関する施策を総合的に推進するための「基本方針」を策定
② 「金融経済教育推進機構」を創設
③ 資産形成支援のための国と地方公共団体・事業者の協力・連携

政府 ① 基本方針 ③ 協力・連携 → 地方公共団体／事業者 → 国民や従業員の資産形成支援

金融広報中央委員会（事務局：日本銀行） → 委員会の機能を移管・承継 → ② 金融経済教育推進機構 [認可法人]
理事長　理事（3名以内）　運営委員会　運営委員（8名以内）

関係団体 ── 連携

[機構の業務]
- 金融経済教育の教材・コンテンツの作成（家計管理・生活設計、適切な金融商品の選択・資産形成、消費生活の基礎、悪質な投資勧誘など金融トラブル未然防止策等）
- 学校や企業等への講座の展開
- 個人に対する個別相談
- 資産形成等に係る相談・助言を容易に受けられる環境整備（顧客の立場に立ったアドバイザー）

(注)上記の規定を設ける「金融サービスの提供に関する法律」は、「金融サービスの提供及び利用環境の整備等に関する法律」に改称

- 16 -

金融商品取引法等の一部を改正する法律案④（企業開示制度の見直し）

課題

■ 企業経営や投資家の投資判断においてサステナビリティを重視する動きが見られる中、企業開示において、中長期的な企業価値に関連する非財務情報の重要性が増大

■ 金融商品取引法に基づく四半期報告書と取引所規則に基づく四半期決算短信には重複がみられ、コスト削減や効率化の観点から見直すべきとの指摘

対応

■ 中長期的な企業価値向上につながる資本市場の構築に向けた企業開示制度の見直しを実施
- 人的資本を含むサステナビリティ情報等の開示の充実［府令改正事項］と併せ、
- 企業開示の効率化の観点から、金融商品取引法上の四半期報告書を廃止

① 上場企業の第1・第3四半期については、金融商品取引法上の四半期報告書を廃止し、取引所規則に基づく四半期決算短信に一本化

（注1）当面は、四半期決算短信を一律義務付け。今後、適時開示の充実の状況等を見ながら、任意化について継続的に検討

（注2）虚偽記載に対しては、取引所のエンフォースメントをより適切に実施

② 見直し後の半期報告書については、
- 現行の第2四半期報告書と同程度の記載内容
- 監査人によるレビュー
- 提出期限は決算後45日以内

③ 半期報告書及び臨時報告書は、法令上の開示情報としての重要性が高まることから、公衆縦覧期間（各3年間・1年間）を5年間（課徴金の除斥期間と同様）へ延長

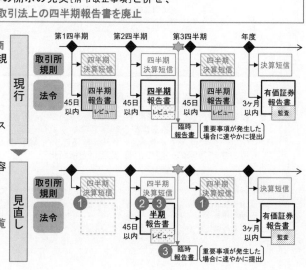

54

- 17 -

金融商品取引法等の一部を改正する法律案⑤（その他の顧客等の利便向上・保護に係る施策①）

ソーシャルレンディング等に関する規定の整備

ソーシャルレンディング
インターネットを用いてファンド形態で出資を募り、投資家からの出資を企業等に貸し付ける仕組

現在は、運用報告書を交付する法令上のルールなし
(注)ファンド業者が有価証券に投資する場合は、法令上のルールが存在

課題	■ ソーシャルレンディング等の運用行為を行う第二種金融商品取引業者が運営するファンドを巡って、投資家への情報提供等に関する問題が認められる事案が発生
対応	■ ソーシャルレンディング等の運用を行うファンドを販売する第二種金融商品取引業者に対して、運用報告書の交付が担保されていないファンドの募集等を禁止

トークン化される不動産特定共同事業契約への対応

不動産特定共同事業
出資を募って不動産を売買・賃貸等し、収益を分配する仕組

不動産特定共同事業法による監督等が行われており、金融商品取引法の規制は不適用

課題	■ 不動産特定共同事業契約に基づく権利を分散台帳技術（ブロックチェーン）を活用してトークン化し、流通させようとする動き ■ 他の有価証券の性質を有するトークンは、金融商品取引法の対象とする規定が整備されているが、不動産特定共同事業契約に基づくトークンは規定が未整備
対応	■ 不動産特定共同事業契約に基づく権利のトークンについて、金融商品取引法の販売勧誘規制等を適用

金融商品取引法等の一部を改正する法律案⑥（その他の顧客等の利便向上・保護に係る施策②）

掲示情報等のインターネット公表

課題	■ インターネットの活用が進む中、 ・金融商品取引業者等のウェブサイトにおいて、営業所に掲示する標識と同内容の情報の公表を求めるべき ・上場会社の役員等が短期売買利益を得た場合の利益額等の情報（利益関係書類）をインターネットでも公表すべき との指摘
対応	■ 金融商品取引業者等のウェブサイトにおいて、営業所に掲示する標識と同内容の情報公表を義務付けるなど、インターネットを利用する者の利便向上や保護のための規定を整備 (注)利益関係書類の氏名の閲覧は株主に限定

[現状]　　[改正]

```
[現状]          [改正]
A社             A社           金融商品取引業者登録票
□ □ □          □ □ □        （第1種金融商品取引業者）
                標識と
       ＋      同じ情報         登録番号:関東財務局長〇〇号
 標識                          商号:△△
                              加入協会:□□協会
営業所        ウェブサイト
```

審判手続のデジタル化

課題	■ 民事訴訟手続については、国民がより利用しやすいものとするため、2022年、手続のデジタル化を含む改正民事訴訟法が成立 ■ 一方、虚偽の財務書類の開示を行った企業やインサイダー取引を行った者等に対する課徴金納付命令に係る審判手続については、書面での課徴金納付命令等の送達や被審人による申立て、審判廷への出頭等が必要
対応	■ 審判手続のデジタル化のため、 ・オンラインによる送達や申立て ・オンライン会議を利用した審問や意見陳述などの審判手続 ・事件記録の電子化 に関する規定を整備

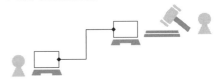

上記のほか、登録金融機関がトークンの預託を受けることができる範囲を拡大するとともに、投資法人の財務状況を投資家にわかりやすく情報提供するため、投資法人の計算書類に関する規定の見直しを実施

情報通信技術の進展等の環境変化に対応するための社債、株式等の振替に関する法律等の一部を改正する法律案の概要

デジタル化など資本市場を取り巻く環境が変化する中、資本市場の効率化及び活性化を図るため、
「デジタル化への対応」、「スタートアップ企業の上場日程の期間短縮」に関する制度を整備

デジタル化への対応

- 取引所に上場している有価証券の中で唯一デジタル化されていない日銀出資証券のデジタル化
【改正内容】
  - 日銀出資証券を含む特別法人出資証券を振替制度の対象に追加

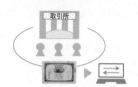

- 投資法人、特定目的会社、有限責任監査法人登録簿等（項目例：役員や営業所等の情報）のインターネット公表
【改正内容】
  - インターネット公表に際して、個人情報（役員の住所）を除くための規定を整備

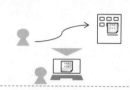

- 財務書類の虚偽証明等を行った公認会計士等に対する課徴金納付命令に係る審判手続のデジタル化
【改正内容】
  - オンラインによる送達・申立て、オンライン会議による審判手続、事件記録の電子化

スタートアップ企業の上場日程の期間短縮

- スタートアップ企業をはじめとする未上場企業が上場する際、公開価格がより適切に決定されるようにするため(注)、振替法により1か月以上と法定されている上場承認日から上場日までの期間について、株主保護を図りつつ、実務の改善による短縮を可能とする見直し
  - (注) 上場承認日から上場日までの期間が長いことにより、その間の価格変動リスクから、公開価格がより低く設定されているとの指摘

現状	①既存株主からの口座情報受付	②証券会社・信託銀行等の事務処理
見直し	1か月以上 ①と②を合わせて法定	実務の改善により短縮
	①を法令で規定	

上場承認日 ／ 上場日（見直し） 上場日（現行）

※その他、2006年、社債、株式等の振替に関する法律第12条第2項を改正する際に、併せて手当てする必要があった同法第48条の規定について、所要の整備を実施

金融商品取引法等の一部を改正する法律案要綱①

　我が国の金融及び資本市場をめぐる環境変化に対応し、金融サービスの顧客等の 利便の向上及び保護を図るため、顧客等の最善の利益を勘案しつつ、誠実かつ公正に業務を遂行すべき義務の整備、顧客等への契約締結前の説明義務等に係る規定の整備、インターネットを用いてファンド形態で出資を募り企業等に貸し付ける仕組みを取り扱う金融商品取引業者に係る規制の整備等の措置を講ずる必要がある。このため、金融商品取引法等の一部を改正することとする。

一　金融商品取引法の一部改正（第1条関係）
1.　有価証券とみなされる権利の範囲の見直し
　　不動産特定共同事業契約（当該不動産特定共同事業契約に基づく権利が、電子情報処理組織を用いて移転することができる財産的価値（電子機器その他の物に 電子的方法により記録されるものに限る。）に表示されるものに限る。）に基づく権利を、有価証券とみなされる権利の定義に含めることとする。

（金融商品取引法第2条関係）

2.　四半期報告書制度廃止
（1）　上場会社に対する期中の業績等の開示について、現在の3ヶ月ごとの開示か ら6ヶ月ごとの開示に頻度を落とし（四半期報告書制度の廃止）、上場会社に対して、四半期報告書に代わり半期報告書の提出を義務付けることとし、四半期報告書の提出に関する規定を削除することとする。

（金融商品取引法第5条、第24条、第24条の4の7、第24条の4の8、
第24条の5、第25条、第27条、第27条の30の2、
第27条の30の6、第57条の2、第166条関係）

（2）　参照方式の届出書、発行登録書類及び発行登録追補書類、半期報告書及び半期報告書の確認書並びに臨時報告書（これらの訂正書類も含む。）の公衆縦覧期間を5年に延長することとする。

（金融商品取引法第25条関係）

金融商品取引法等の一部を改正する法律案要綱②

3. ソーシャルレンディング等のファンドに関する規定の整備
　　ソーシャルレンディング等のファンドについて、金融商品取引業者等に対し、出資対象事業の状況に係る顧客への情報提供が契約等において確保されていない場合における募集等を禁止するとともに、インターネットを用いて当該ファンドの募集を行う場合について電子募集取扱業務と同様の規定の整備を行うこととする。
（金融商品取引法第 29 条の2、第 40 条の3の3、第 40 条の3の4、第 43 条の5関係）

4. 標識に記載すべき事項のインターネットによる公表の義務付け等
（1）金融商品取引業者等は、商号、名称又は氏名等の標識に記載すべき事項について、インターネットにより公衆の閲覧に供しなければならないこととする。
（金融商品取引法第 36 条の2、第 66 条の8関係）
（2）上場会社等の株主は、内閣総理大臣に対し、短期売買利益を得ていると認められる当該上場会社等の役員又は主要株主の商号、名称又は氏名に関する情報 の提供を求めることができることとする。
（金融商品取引法第 164 条、第 165 条の2関係）

5. 登録金融機関業務として行うことができる金融商品取引業の範囲の見直し
　　金融機関が有価証券等管理業務を行う場合に準ずる場合として政令で定める行為を業として行う場合には、金融商品取引法第 29 条の規定は適用せず、同法第 33 条の2の規定により内閣総理大臣の登録を受けなければならないこととする。
（金融商品取引法第 33 条、第 33 条の2関係）

金融商品取引法等の一部を改正する法律案要綱③

6. 誠実公正義務の削除
　　金融サービスの提供及び利用環境の整備等に関する法律において、金融サービスの提供等に係る業務を行う者に対して、横断的に、顧客等に対する誠実義務の規定を新設することに伴い、金融商品取引法から、新設する規定と同趣旨の誠実公正義務に係る規定を削除することとする。
（金融商品取引法第 36 条、第 66 条の7関係）

7. 契約締結前等の顧客への情報の提供等に関する規定の整備
（1）金融商品取引契約の締結前等における顧客に対する書面交付義務について電磁的方法を含む情報提供義務に改めることとする。
（2）金融商品取引業者等は、契約締結前に顧客に対し情報の提供を行うときは、顧客の知識、経験、財産の状況及び当該金融商品取引契約を締結しようとする目的に照らして、当該顧客に理解されるために必要な方法及び程度により、説明をしなければならないこととする。
（金融商品取引法第 37 条の3、第 37 条の4、第 37 条の6、第 40 条の2、第 42 条の7関係）

8. インサイダー取引や開示書類の虚偽記載等の違反行為をした者に対する課徴金納付命令に係る審判手続のデジタル化
　　電磁的記録による審判手続開始決定、映像と音声の送受信による通話の方法に よる審判手続、電子情報処理組織を使用する方法による申立て等、電磁的記録の 送達、電磁的事件記録の閲覧等に係る規定の整備等を行うこととする。
（金融商品取引法第 179 条、第 180 条の2、第 183 条、第 185 条～第 185 条の4、
第 185 条の7～第 185 条の 13 関係）

9. その他
　　その他所要の規定の整備を行うこととする。

57

二　金融サービスの提供に関する法律の一部改正（第2条・第3条関係）
　1．題名等
　（1）題名の改正
　　　金融サービスの提供に関する法律の題名を「金融サービスの提供及び利用環境の整備等に関する法律」に改めることとする。

　（2）目的の改正
　　　この法律は、金融サービスの提供等に係る業務を行う者の職責を明らかにするとともに、金融商品販売業者等が金融商品の販売等に際し顧客に対して説明をすべき事項その他の金融商品の販売等に関する事項を定めること、金融サービ ス仲介業を行う者について登録制度を実施し、その業務の健全かつ適切な運営を確保すること並びに国民の安定的な資産形成及び適切な資産管理を促進するための基本的事項を定めること等により、金融サービスの提供等を受ける顧客等の保護及び金融サービスの利用環境の整備等を図り、もって国民経済の健全な発展に資することを目的とすることとする。
（金融サービスの提供及び利用環境の整備等に関する法律第1条関係）

　2．国民の安定的な資産形成の支援に関する施策の総合的な推進及び金融経済教育推進機構の設立
　　　金融経済教育の推進等による金融リテラシーの向上、金融機関による顧客本位の業務運営など、安定的な資産形成の支援に係る施策を、政府一体となって強力に推進する観点から、「国民の安定的な資産形成の支援に関する施策の総合的な推進に関する基本的な方針」を策定（閣議決定）するとともに、金融経済教育を行う「金融経済教育推進機構」を設置することとする。
（金融サービスの提供及び利用環境の整備等に関する法律第4章関係）

　3．顧客等の最善の利益を勘案しつつ、誠実かつ公正に業務を遂行すべき義務
　　　金融サービスを提供する事業者及び企業年金等の実施者に対して、横断的に、顧客等の最善の利益を勘案しつつ、顧客等に対して誠実かつ公正に業務を遂行する義務を新設することとする。
（金融サービスの提供及び利用環境の整備等に関する法律 第2条、第 24 条関係）

　4．標識に記載すべき事項のインターネットによる公表の義務付け
　　　金融サービス仲介業者は、商号、名称又は氏名等の標識に記載すべき事項について、インターネットにより公衆の閲覧に供しなければならないこととする。
（金融サービスの提供及び利用環境の整備等に関する法律第 20 条関係）

　5．その他
　　　その他所要の規定の整備を行うこととする。

三　投資信託及び投資法人に関する法律の一部改正（第8条関係）
　1．受益者への情報の提供に関する規定の整備
　　　投資信託委託会社による、その運用の指図を行う投資信託財産についての運用の状況等に係る情報の提供について、運用報告書の交付義務から電磁的方法を含む情報提供義務に改めることとする。
（投資信託及び投資法人に関する法律第 14 条関係）

　2．投資法人の利益の定義の見直し
　　　投資法人の「利益」の算定にあたり、評価・換算差額等の評価額をその算定の基礎から控除するよう規定の整備を行うこととする。
（投資信託及び投資法人に関する法律第 136 条関係）

  3．顧客等の最善の利益を勘案しつつ、誠実かつ公正に業務を遂行すべき義務

    金融サービスの提供及び利用環境の整備等に関する法律において新設した顧客等の最善の利益を勘案しつつ、顧客等に対して誠実かつ公正に業務を遂行する義務の規定を、設立企画人が設立中の投資法人の発行する投資証券の募集を行う場合におけるその設立企画人について準用することとする。

（投資信託及び投資法人に関する法律第197条関係）

  4．その他

    その他所要の規定の整備を行うこととする。

四　不動産特定共同事業法の一部改正（第13条関係）

  1．不動産特定共同事業の許可申請書の記載事項の追加

    不動産特定共同事業の許可を受けようとする者が、不動産特定共同事業契約（当該不動産特定共同事業契約に基づく権利が電子情報処理組織を用いて移転することができる財産的価値（電子機器その他の物に電子的方法により記録されるものに限る。）に表示されるものに限る。）の締結の勧誘の業務（特定勧誘業務）を行おうとする場合にあっては、主務大臣又は都道府県知事に、金融商品取引法第29条の登録又は同法第63条第2項の届出に関する事項を記載した許可申請書を提出しなければならないこととする。

（不動産特定共同事業法第5条関係）

  2．不動産特定共同事業の許可の欠格事由の追加

    特定勧誘業務を行おうとする場合にあっては、金融商品取引法第29条の登録を受けていない法人又は同法第63条第2項の届出をしていない法人は、不動産特定共同事業の許可を受けることができないこととする。

（不動産特定共同事業法第6条関係）

  3．その他

    その他所要の規定の整備を行うこととする。

五　銀行法等の一部改正

（第4条～第7条、第9条～第12条、第14条～第20条関係）

  1．契約締結前等の顧客等への情報の提供等に関する規定の整備

  （1）特定預金等契約等の締結前等における顧客等に対する書面交付義務について電磁的方法を含む情報提供義務に改めることとする。

  （2）銀行等は、契約締結前に顧客等に対し情報の提供を行うときは、顧客等の知識、経験、財産の状況及び当該特定預金等契約等を締結しようとする目的に照らして、当該顧客等に理解されるために必要な方法及び程度により、説明をしなければならないこととする。

  2．顧客等の最善の利益を勘案しつつ、誠実かつ公正に業務を遂行すべき義務

    金融サービスの提供及び利用環境の整備等に関する法律において顧客等の最善の利益を勘案しつつ、顧客等に対して誠実かつ公正に業務を遂行する義務に係る規定を新設することに伴い、銀行法等からこれと同趣旨の誠実公正義務の規定を削除するとともに、金融商品取引法又は銀行法における誠実公正義務の規定を適用等していた法律に関し、必要な改正を行うこととする。

六　その他

  1．施行期日

    この法律は、原則として、公布の日から起算して1年を超えない範囲内において政令で定める日から施行することとする。

（附則第1条関係）

2．経過措置等
（1）この法律の施行に伴い、所要の経過措置を定めることとする。

（附則第2条～第 32 条、第 67 条、第 68 条関係）

（2）金融商品取引法、金融サービスの提供に関する法律等の改正に伴い、関係法律の改正を行うこととする。

（附則第 33 条～第 66 条関係）

（3）この法律の施行の状況等に関する検討規定を設けることとする。

（附則第 69 条関係）

情報通信技術の進展等の環境変化に対応するための、社債、株式等の振替に関する法律等の一部を改正する法律案要綱①

　近年の情報通信技術の進展及び投資者の多様化をはじめとする資本市場を取り巻く環境の変化に対応し、資本市場の効率化及び活性化を図るため、特別法人出資証券のデジタル化、既存株主の口座情報を求める通知に係る期間の規定の見直し等の措置を講ずる必要がある。このため、社債、株式等の振替に関する法律等の一部を改正することとする。

一　社債、株式等の振替に関する法律の一部改正（第1条関係）
　1．　特別法人出資証券のデジタル化に関する規定の整備
　　　特別法人出資証券に表示されるべき権利の振替手続について、所要の規定の整備を行うこととする。
　　　　　　　（社債、株式等の振替に関する法律第2条、第 247 条の2～第 247 条の2の7関係）

　2．　既存株主等の口座情報を求める通知に係る期間の規定の見直し
　　　発行者が株主等に振替株式等の交付先の口座情報を求める通知に係る期間について、発行者が株主等への通知を行う期限ではなく、株主等が発行者に口座情報を通知すべき期間を規定することとする。
　　　　　　　　　　　（社債、株式等の振替に関する法律第 69 条の2、第 127 条の6、
　　　　　　　　　　　　　第 131 条、第 167 条、第 196 条、第 228 条、第 239 条関係）

　3．　その他
　　　その他所要の規定の整備を行うこととする。

二　公認会計士法の一部改正（第2条関係）
　1．　虚偽証明等の非違行為をした公認会計士等に対する課徴金納付命令に係る審判手続のデジタル化
　　　電磁的記録による審判手続開始決定、映像と音声の送受信による通話の方法による審判手続、電子情報処理組織を使用する方法による申立て等、電磁的記録の送達、電磁的事件記録の閲覧等に係る規定の整備等を行うこととする。
　　　　　　　　　　　（公認会計士法第 34 条の 41、第 34 条の 42 の2、第 34 条の 45、
　　　　　　　　　　　　　第 34 条の 47～第 34 条の 50、第 34 条の 53～第 34 条の 58 関係）

情報通信技術の進展等の環境変化に対応するための、社債、株式等の振替に関する法律等の一部を改正する法律案要綱②

　2．　有限責任監査法人登録簿及び上場会社等監査人名簿に係る規定の整備
　　　有限責任監査法人登録簿及び上場会社等監査人名簿のインターネットによる 公衆縦覧に関し、所要の規定の整備を行うこととする。

（公認会計士法第 34 条の 26、第 34 条の 34 の5関係）

　3．　その他
　　　その他所要の規定の整備を行うこととする。

三　投資信託及び投資法人に関する法律の一部改正（第3条関係）
　　投資法人登録簿のインターネットによる公衆縦覧に関し、所要の規定の整備を行うこととする。

（投資信託及び投資法人に関する法律第 189 条関係）

四　資産の流動化に関する法律の一部改正（第4条関係）
　　特定目的会社名簿のインターネットによる公衆縦覧に関し、所要の規定の整備を行うこととする。

（資産の流動化に関する法律第8条関係）

五　その他
　1．　施行期日
　　　この法律は、原則として、公布の日から起算して1年を超えない範囲内において政令で定める日から施行することとする。
　　　ただし、公認会計士法の一部改正のうち審判手続のデジタル化に係る規定は、公布の日から起算して1年6月又は3年6月を超えない範囲内において政令で定める日から施行することとする。　　　　（附則第1条関係）
　2．　経過措置等
　　　所要の経過措置等を定めることとする

- 30 -

【資料目次】

- 31 -

61

金融審議会　市場制度ワーキング・グループ　第二次中間整理　概要（2022年12月21日）

環境変化に対応し、金融・資本市場における利用者の利便向上と保護を図ることにより、円滑な資金供給による持続的な経済成長を実現するとともに、家計による適切な金融商品の選択を通じて経済成長の成果を還元させる、「成長と分配の好循環」を実現

市場インフラ の機能強化	スタートアップ企業等への円滑な資金供給	その他の環境整備
■ 私設取引システム（PTS）のオークション方式に係る売買高上限（取扱銘柄全体で取引所対比1%）の緩和	■ スタートアップ企業等の非上場株式について、特定投資家向けにPTSにおいて取扱い可能とするための制度整備	■ トークン化された不動産特定共同事業契約（出資を募って不動産の売買・賃貸を行い、その収益を分配するもの）に対し、金融商品取引法の販売・勧誘規制等を適用
■ 株式公開買付け（TOB）5%ルール（注1）の適用について、「取引所の立会外取引」と「それに類似するPTS取引」の整合性確保	■ ベンチャーキャピタル（VC）ファンドが保有する非上場株式について、取得原価等による評価から公正価値による評価への移行を促進	■ 金融商品取引業者の営業所に掲示する標識について、インターネットで同内容の情報公表を義務付け
■ 取引所とPTSのティック・サイズ（呼値の刻み幅）の適切な設定	■ 新規公開（IPO）に必要な期間の短縮に向けた株式の振替制度の整備	※銀証ファイアーウォール規制については引き続き検討
■ 投資単位の大きい上場会社株式の投資単位の引下げ促進	■ ダイレクトリスティング（注2）の利用円滑化	

（注1）市場外において60日間で10名超の者から株券等の買付け等を行った後における株券等所有割合が5%を超える場合、公開買付けを求めるもの
（注2）発行者が、証券会社による引受けを伴わずに直接取引所に新規上場する方式

- 32 -

市場区分の見直し

【東証作成資料】

● 東証は、上場会社の持続的な成長と中長期的な企業価値向上を支え、国内外の多様な投資者から高い支持を得られる魅力的な現物市場を提供することを目的として、2022年4月4日に市場区分を再編

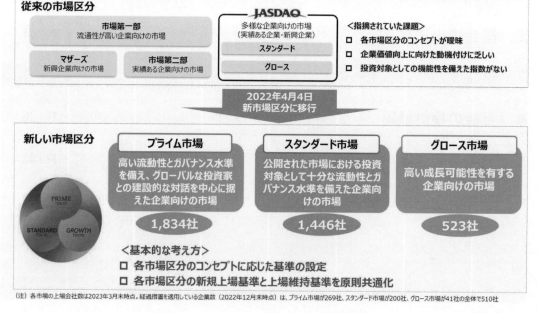

（注）各市場の上場会社数は2023年3月末時点。経過措置を適用している企業数（2022年12月末時点）は、プライム市場が269社、スタンダード市場が200社、グロース市場が41社の全体で510社

- 33 -

62

市場区分見直しに係るフォローアップ

- 市場区分見直しの実効性を高めるため、有識者会議「**市場区分の見直しに関するフォローアップ会議**」を設置
- 2023年1月、それまでの議論について論点整理を行い、今後の東証の対応について公表
- **経過措置の終了時期を明確化**するとともに、経過措置対象外の**全上場会社に向けて、企業価値向上への取組を促す**

フォローアップ会議 論点整理

- ➤ 健全な新陳代謝を機能させる観点から、**経過措置について、終了時期を含む今後の取扱いを直ちに明確化**すべき

- ➤ 資本コストを意識した経営の推進など、**中長期的な企業価値向上に向けた自律的な取組の動機付けとなる枠組みづくり**を進めていくべき

東証の対応

- 経過措置は**移行後3年（2025年3月）で終了**
- プライム市場上場会社には、改めてスタンダード市場選択の機会を提供

- 中長期的な企業価値向上に向けた取組の動機付け
  ① **資本コストや株価に対する意識改革・リテラシー向上**
  ② **コーポレート・ガバナンスの質の向上**
  ③ **英文開示の更なる拡充**
  ④ **投資者との対話の実効性向上**

（注）議論の透明性を高めるため、会議の資料・議事録などは、開催後遅滞なく、ウェブサイトを通じて公表
日：https://www.jpx.co.jp/equities/improvements/follow-up/index.html
英：https://www.jpx.co.jp/english/equities/improvements/follow-up/index.html

【資料目次】

「新しい資本主義のグランドデザイン及び実行計画」における市場分野の課題①

企業の参入・退出の円滑化とスタートアップ育成5か年計画の推進①

(個人からベンチャーキャピタルへの投資促進)
■　英国のVCT(Venture Capital Trust)では、一定の要件の下、個人から上場ベンチャーファンドに投資した際に、税優遇措置(投資時の税控除、運用益の非課税、法人税の非課税)が与えられており、年間約1兆円の個人資金がVCTに投資されている。VCTからアーリー期の未上場企業への長期投資という性質を踏まえ、流動性(VCTからの買戻し制度)や情報開示(四半期)にも配慮している。
　　こうした事例も参照し、投資家保護に留意しつつ、個人から上場ベンチャーファンドへの投資を促進するスキーム(日本版VCT)の具体化について検討を行う。
　　(中略)
　　また、英国では、長期投資という性格に合わせて、流動性確保の観点から投資口の自己取得が可能となっていることも踏まえ、我が国においても<u>上場ベンチャーファンドにおける投資口の自己取得が可能となるよう、不正防止等の措置を併せて、投資信託法の内閣府令等を改正すること</u>を検討する。さらに、我が国の資産運用業の抜本改革の視点も踏まえ、長期投資に適した投資信託商品がより増えるよう、諸外国の事例も参照して、投資信託の枠組みを早期に見直す。

(株式投資型クラウドファンディングの活用に向けた環境整備)
■　株式投資型クラウドファンディングは、非上場企業が株式を発行し、インターネットを通じて多くの人から少額ずつ資金を集める仕組みであるが、現在の発行総額上限(1億円)について、米国等の諸外国の事例を参照し、<u>開示等の必要な投資家保護策と併せ、例えば現行の1億円から5億円にする等の拡充</u>を検討する。また、<u>投資家の投資上限について、現行の50万円から例えば100万円の投資を可能とする等、年収や資産に応じた投資上限とすることを検討</u>する。これらについて、来年末までに結論を得る。

(出典)「新しい資本主義のグランドデザイン及び実行計画2023改訂版」(令和5年6月16日閣議決定)

「新しい資本主義のグランドデザイン及び実行計画」における市場分野の課題②

企業の参入・退出の円滑化とスタートアップ育成5か年計画の推進②

(SPAC(特別買収目的会社)の検討)
■　SPAC(特別買収目的会社)については、導入した場合に必要な制度整備について、国際金融市場の動向を踏まえ、投資家保護に十分に配慮しつつ検討を進める。

(未上場株の取引環境の整備)
■　現在、証券会社が運営する<u>私設取引システム(PTS)</u>において、プロ投資家向けにも非上場株式の取扱いが認められていない。スタートアップが未上場のまま成長できるよう、<u>プロ投資家向けの非上場株式の取扱いを可能とするため、本年度中に金融商品取引法の関係政令を改正</u>する。
　　また、セカンダリー市場でのオンライン取引について、個人投資家の保護に配慮しつつ、<u>私設取引システム(PTS)での資本金要件(現在は3億円)等の認可基準、開示義務、システム要件等を緩和するなど、オンラインプラットフォーマーが参入しやすい環境を早期に整備</u>する。
　　プライマリー市場についても、スタートアップ企業への資金供給を促進していくため、適正な開示・情報提供、適切な勧誘の確保による投資詐欺の防止や適切な投資判断の確保を図りつつ、<u>少額募集のあり方を含め、資金調達のあり方について検討</u>する。

(個人金融資産及びGPIF等の長期運用資金のベンチャー投資への循環)
■　日本の個人金融資産がスタートアップの育成に循環するとともに、GPIF等の長期運用資金が、ベンチャー投資やインフラ整備等に循環する流れを構築する。
　　このため、エンジェル投資家等によるベンチャー投資の促進や年金等の国内ベンチャーファンドへの投資を通じて、個人金融資産をスタートアップの育成に循環させるためにも、資産所得倍増プランを推進する。

(出典)「新しい資本主義のグランドデザイン及び実行計画2023改訂版」(令和5年6月16日閣議決定)

「新しい資本主義のグランドデザイン及び実行計画」における市場分野の課題③

企業の参入・退出の円滑化とスタートアップ育成5か年計画の推進③

（東京証券取引所グロース市場の在り方）

■　　東京証券取引所による市場改革を進め、企業価値向上に取り組む環境整備を行う中で、<u>成長性に関する指標の導入を含めた上場維持基準の在り方</u>など、グロース市場の制度整備について検討を行う。あわせて、上場廃止要件を厳格化する。

　　また、創薬ベンチャーが上場後も継続的に資金調達を行う環境を整備するため、東京証券取引所の新規上場ガイドブックに事例として記載されており、IPOのための実質的な要件となっている臨床試験フェーズや創薬パイプラインに関する大手製薬企業とのアライアンスについての運用を、当該事例の書き換え等によって合理化する。

（企業の事業性に着目した資金調達）

■　　（前略）企業による多様な資金調達を可能とするため、少額公募において求められる開示内容、株式投資型クラウドファンディングにおける投資家保護を勘案した投資上限の在り方、プロ投資家向けの非上場株式を取扱う私設取引システム（PTS）の要件緩和などについて検討を進め、非上場株式の取引の活性化を図る。

（出典）「新しい資本主義のグランドデザイン及び実行計画2023改訂版」（令和5年6月16日閣議決定）

「新しい資本主義のグランドデザイン及び実行計画」における市場分野の課題④

資産所得倍増プランと分厚い中間層の形成①

（消費者に対して中立的で信頼できるアドバイスの提供を促すための仕組みの創設）

■　　（前略）中立的なアドバイザーの見える化を進めるとともに、そうしたアドバイザーにより顧客本位で良質なアドバイスが広く提供されるよう取り組む。来年中に新たに金融経済教育推進機構を設立し、アドバイスの円滑な提供に向けた環境整備やアドバイザー養成のための事業として、中立的なアドバイザーの認定や、これらのアドバイザーが継続的に質の高いサービスを提供できるようにするための支援を行う。

（雇用者に対する資産形成の強化）

■　　企業に、職域における中立的な認定アドバイザーの活用を促すため、雇用者が中立的な認定アドバイザーを活用する場合に企業から雇用者に対して助成を行うことを後押しする。さらに、企業内に設置される雇用者向けの資産形成の相談の場において、中立的な認定アドバイザーを積極的に活用することを促す。

（金融経済教育の充実）

■　　広く国民に金融経済教育を届けていく。このため、運営体制の整備や設立・運営経費の確保に当たっては、政府・日本銀行に加え、全国銀行協会・日本証券業協会等の民間金融団体や経済関係諸団体等からの協力を得て、金融経済教育推進機構を設立するとともに、官民連携して、地方を含めた金融経済教育の推進体制を整備する。企業による社員への継続教育の充実や地方自治体による金融経済教育の実施と併せて、広く国民に訴求する広報戦略を展開するとともに、学校・企業向けの出張授業やシンポジウムの開催など、官民一体となった効率的・効果的な金融経済教育を全国的に実施する。

（出典）「新しい資本主義のグランドデザイン及び実行計画2023改訂版」（令和5年6月16日閣議決定）

「新しい資本主義のグランドデザイン及び実行計画」における市場分野の課題⑤

資産所得倍増プランと分厚い中間層の形成②

（スタートアップ支援）

■ 　証券会社が運営する私設取引システム（PTS）では、プロ投資家向けにも未上場株の取扱いが認められていないが、スタートアップが未上場のまま成長できるよう、プロ投資家向けの非上場株式の取扱いを可能とするため、本年度中に金融商品取引法の関係政令を改正する。

（市場インフラの強化）

■ 　私設取引システム（PTS）の売買高上限の緩和等に係る論点の整理を踏まえ、必要な措置を講じる。東京証券取引所などの金融商品取引所において、投資単位が高い水準にある上場会社の投資単位の引下げに向けた取組を進める。

（銀証ファイアウォール規制の見直し）

■ 　顧客ニーズに合った商品・サービスを提供しやすくするなど金融機能の強化に向けた取組を推進する観点から、顧客情報管理や利益相反管理、優越的地位の濫用防止の実効的な確保等の利用者保護の状況を適切に確認しながら、外務員の二重登録禁止規制等に関する銀証ファイアウォール規制（金融グループの銀行・証券間で、顧客の非公開情報を同意なく共有することを禁止する規制）の在り方や必要とされる対応につき検討を行う。

（出典）「新しい資本主義のグランドデザイン及び実行計画2023改訂版」（令和5年6月16日閣議決定）

「新しい資本主義のグランドデザイン及び実行計画」における市場分野の課題⑥

資産所得倍増プランと分厚い中間層の形成③

（顧客本位の業務運営の確保）

■ 　金融事業者や企業年金制度等の運営に携わる者について、横断的に、顧客等の利益を第一に考えた立場からの取組の定着や底上げを図る必要がある。金融事業者や企業年金関係者に対して、顧客の最善の利益を勘案しつつ業務を遂行すべき旨の義務を規定する、金融商品取引法等の一部を改正する法律案を、国会に提出したところ。顧客本位の業務運営に確保に向け、必要な取組を進める。

（資産運用立国に向けた取組の促進）

■ 　（前略）機関投資家として家計金融資産等の運用を行う、資産運用業の高度化やアセットオーナーの機能強化を強力に推進すべく、資産運用立国の実現に向けた取組を行う。
　具体的には、資産運用会社やアセットオーナーのガバナンス改善・体制強化やスチュワードシップ活動（企業との対話）の実質化、国内外の資産運用会社の新規参入の支援拡充・競争促進、資産運用力の向上及び運用対象の多様化に向けた環境整備等を通じて、資産運用業等を抜本的に改革する。
　我が国の運用セクターを世界レベルにするため、これらの取組を含む具体的な政策プランを新しい資本主義実現会議の下で年内にまとめ、国内外への積極的な情報発信を含めた必要な対応を進める。

（出典）「新しい資本主義のグランドデザイン及び実行計画2023改訂版」（令和5年6月16日閣議決定）

【資料目次】

「資産運用立国」のコンセプト

経済財政運営と改革の基本方針2023（骨太の方針2023）（令和5年6月16日閣議決定）

● 2,000兆円の家計金融資産を開放し、持続的成長に貢献する「資産運用立国」を実現する。そのためには、家計の賃金所得とともに、金融資産所得を拡大することが重要であり、iDeCo（個人型確定拠出年金）の拠出限度額及び受給開始年齢の上限引上げについて2024年中に結論を得るとともに、NISA（少額投資非課税制度）の抜本的な拡充・恒久化、金融経済教育推進機構の設立、顧客本位の業務運営の推進等、「資産所得倍増プラン」を実行する。加えて、資産運用会社やアセットオーナーのガバナンス改善・体制強化、資産運用力の向上及び運用対象の多様化に向けた環境整備等を通じた資産運用業等の抜本的な改革に関する政策プランを年内に策定する。

● 「資産運用立国」の実現を目指し、資産運用業等の抜本的な改革の一環として、日本独自のビジネス慣行・参入障壁の是正や、新規参入に係る支援の拡充等を通じた競争の促進に取り組む。

新しい資本主義のグランドデザイン及び実行計画2023改訂版（令和5年6月16日閣議決定）

2．資産運用立国に向けた取組の促進
● 現状において、我が国の家計金融資産2,000兆円のうち500兆円は、資産運用会社や年金等のアセットオーナーを経由して運用されており、その運用力の向上は家計へのリターンを高め、投資の拡大を促していくために不可欠である。

● 他方で、一部の資産運用会社やアセットオーナーでは、海外と比べて専門性や人材が不足している等、運用力の向上に向けた取組が十分ではないとの指摘がある。このため、機関投資家として家計金融資産等の運用を行う、資産運用業の高度化やアセットオーナーの機能強化を強力に推進すべく、資産運用立国の実現に向けた取組を行う。

● 具体的には、資産運用会社やアセットオーナーのガバナンス改善・体制強化やスチュワードシップ活動（企業との対話）の実質化、国内外の資産運用会社の新規参入の支援拡充・競争促進、資産運用力の向上及び運用対象の多様化に向けた環境整備等を通じて、資産運用業等を抜本的に改革する。

● 我が国の運用セクターを世界レベルにするため、これらの取組を含む具体的な政策プランを新しい資本主義実現会議の下で年内にまとめ、国内外への積極的な情報発信を含めた必要な対応を進める。

社会課題解決と経済成長を両立させる金融システムを構築する
～資産運用立国の実現と資産所得倍増プランの推進～

- 持続的な経済成長に向け、家計に眠る預貯金を投資へ繋げることで、成長の果実が資産所得として広く国民に還元され、国民の資産形成と更なる投資や消費に繋がる「**成長と資産所得の好循環**」を実現していく。
- 資産運用業の高度化やアセットオーナーの機能強化など、**資産運用立国の実現**に向けた取組を推進するとともに、国内外への積極的な情報発信を行う。あわせて、新しいNISA制度の普及・活用促進、金融経済教育の充実等を柱とする**資産所得倍増プラン**（2022年11月公表）を推進する。

資産運用立国に関する政策プラン

販売会社（銀行・証券）、アドバイザーによる顧客本位の業務運営

資産運用業の高度化やアセットオーナーの機能強化

資産所得倍増プラン

コーポレートガバナンス改革アクションプログラム

家計におけるNISAの抜本的拡充・恒久化、金融リテラシーの向上

金融・資本市場の機能の向上、企業の持続的な成長

社会課題解決と経済成長を両立させる金融システムを構築する
～資産運用立国の実現と資産所得倍増プランの推進～

【資産運用立国に向けた取組】

- **資産運用会社等の資産運用力の向上及びガバナンス改善・体制強化**
  - 資産運用会社やアセットオーナーに対して、専門性の向上や運用人材の確保を含め、運用力の向上に必要な取組を促すとともに、それを後押しするための環境整備を行っていく
  - 顧客の最善の利益を考えた運営が確保されるよう、ステークホルダーへの開示のあり方を含め、ガバナンスの向上を後押しするための環境整備を行っていく

- **スチュワードシップ活動の実質化**
  - 「コーポレートガバナンス改革の実質化に向けたアクション・プログラム」（2023年4月公表）を踏まえ、資産運用会社やアセットオーナーに対して、スチュワードシップ責任に関する活動の実質化に向けた取組を促す
  - 大量保有報告制度の見直し等について、2023年中に結論を得て、関連法案の早期の国会提出を目指す

- **新規参入の支援拡充等を通じた競争の促進**
  - 資産運用に係る我が国独自のビジネス慣行など、国内外の資産運用会社の参入障壁となっている可能性がある点について把握し、改善に向けた取組を促す
  - 「拠点開設サポートオフィス」の機能や体制の強化を行うなど、地方公共団体等とも連携しつつ、新規参入の支援拡充を通じた競争の促進を図る

- **運用対象の多様化**
  - スタートアップ投資等のオルタナティブ投資やサステナブル投資の活性化を含め、運用対象の多様化を推進するために必要な環境整備を行っていく

- **国際金融センターの実現に向けた情報発信等の強化・環境整備**
  - 集中的に海外金融事業者を我が国に招致する「Japan Weeks」の開催に加え、そうした機会等も活用して、海外主要メディアへの広報チャンネルの拡大、海外当局への発信等を実施する
  - 「国際金融ハブ」に向けた税制上の諸課題について把握し、必要な見直しに向けた対応を行う

社会課題解決と経済成長を両立させる金融システムを構築する
～資産運用立国の実現と資産所得倍増プランの推進～

（参考）国際金融センターの実現に向けたJapan Weeksの開催（8月23日 金融庁ウェブサイト掲載資料）

□ 海外の投資家や資産運用会社等を集中的に日本に招致し、国際金融センターの実現に向けた日本政府の関連施策や、日本の金融資本市場としての魅力等を情報発信するため、**本年9月25日から10月6日をJapan Weeks**として、サステナブルファイナンス、貯蓄から投資への促進、資産運用立国等に関する各種イベントを、関係者と協力しつつ開催。
□ 各種イベントには、政府関係者が参加し、海外の投資家等と直接コミュニケーションを図る。そのほかに、国内のアセットオーナーや資産運用会社等も参加することで、関係者間のコミュニケーションの機会を提供。
□ 東京都のTokyo Sustainable Finance Week（9月30日～10月6日。「TSFW」）や、経済産業省のGX Week（9月25日～10月6日）とも連携。

日時	イベント（今後追加・変更の可能性あり）	主催者等
9月25日	全国証券大会	日本証券業協会、全国証券取引所協議会、投資信託協会
9月29日	Japan Weeks イベント アジアにおける国際資産運用センターを目指す四都市の挑戦	一般社団法人国際資産運用センター推進機構、福岡県
9月30日	みんなの金融セミナー	東京都 ※TSFW
10月2日	GGX × TCFDサミット	経済産業省
10月2日	Japan Weeks日経サステナブルセミナー（仮称）	日本経済新聞
10月2～6日	Bloomberg 主催イベント	Bloomberg
10月3～5日	PRI in Person（PRI年次会議）	PRI事務局 ※TSFW（メディアパートナー：日本経済新聞）
10月3日	「金融ニッポン」トップ・シンポジウム	日本経済新聞
10月4日	Japan Weeks資産運用立国日本フォーラム（仮称）	日本経済新聞
10月4日	証券投資の日トークイベント（仮称）	日本証券業協会、日本取引所グループ、投資信託協会
10月5～6日	グローバル投資家等と政府関係者等によるラウンドテーブル・イベント	BlackRock
10月6日	Tokyo Sustainable Finance Forum	東京都 ※TSFW

【参考】経済財政運営と改革の基本方針2023（令和5年6月16日閣議決定）
（略）集中的に海外金融事業者を日本に招致する「Japan Week(仮称)」の立ち上げを含む国内外でのプロモーションイベントの開催等、情報発信を効果的・戦略的に実施する。(略)

【資料目次】

情報通信技術の進展に伴う金融取引の多様化に対応するための
資金決済に関する法律等の一部を改正する法律案の概要

令和元年5月31日成立
6月7日公布

情報通信技術の進展に伴う 金融取引の多様化		金融の機能に対する信頼向上や 利用者保護等の必要

国際的な動向等を踏まえ、法令上の「仮想通貨」の呼称を「暗号資産」に変更

暗号資産の交換・管理に関する業務への対応

◆ 暗号資産交換業者に対し、顧客の暗号資産は、原則として信頼性の高い方法(コールドウォレット等)で管理することを義務付け

　それ以外の方法で管理する場合には、別途、見合いの弁済原資(同種・同量の暗号資産)を保持することを義務付け

◆ 暗号資産交換業者に対し、広告・勧誘規制を整備

◆ 暗号資産の管理のみを行う業者(カストディ業者)に対し、暗号資産交換業規制のうち暗号資産の管理に関する規制を適用

暗号資産を用いた新たな取引や不公正な行為への対応

◆ 暗号資産を用いた証拠金取引について、外国為替証拠金取引(FX取引)と同様に、販売・勧誘規制等を整備

◆ 収益分配を受ける権利が付与されたICO(Initial Coin Offering)トークンについて、
　➤ 金融商品取引規制の対象となることを明確化
　➤ 株式等と同様に、投資家への情報開示の制度や販売・勧誘規制等を整備

◆ 暗号資産の不当な価格操作等を禁止

その他情報通信技術の進展を踏まえた対応

◆ 情報・データの利活用の社会的な進展を踏まえ、
　➤ 金融機関の業務に、顧客に関する情報をその同意を得て第三者に提供する業務等を追加
　➤ 保険会社の子会社対象会社に、保険業に関連するIT企業等を追加

◆ 金融機関が行う店頭デリバティブ取引における証拠金の清算に関し、国際的に慣行となっている担保権の設定による方式に対応するための規定を整備

金融サービスの利用者の利便の向上及び保護を図るための
金融商品の販売等に関する法律等の一部を改正する法律案の概要

令和2年6月5日成立
6月12日公布

情報通信技術の進展 と ニーズの多様化

オンラインでのサービスの提供が可能となる中、多種多様な 金融サービスのワンストップ提供に対するニーズ	キャッシュレス時代に対応した、 利便性が高く安心・安全な決済サービスに対するニーズ

こうしたニーズに対応し、金融サービスの利用者の利便の向上及び保護を図るため、金融商品販売法を「金融サービスの提供に関する法律」に改めるほか、資金決済法等を改正する

金融サービス仲介法制

金融サービス仲介業の創設

○ 1つの登録を受けることにより、銀行・証券・保険すべての分野のサービスの仲介を行うことができる金融サービス仲介業を創設※

※ さらに、一定の要件を満たせば、電子決済等代行業の登録手続も省略可能とする。

[主な規制]

・ 特定の金融機関への所属は求めない

・ 利用者財産の受入れは禁止

・ 仲介にあたって高度な説明を要しないと考えられる金融サービスに限り取扱可能

・ 利用者に対する損害賠償資力の確保のため、保証金の供託等を義務付け

・ 利用者情報の取扱いに関する措置や利用者への説明義務、禁止行為などは、仲介する金融サービスの特性に応じて過不足なく規定

・ このほか、監督規定や、認定金融サービス仲介業協会及び裁判外紛争解決制度に関する規定を整備

決済法制

資金移動業の規制の見直し

○ 高額送金を取扱可能な類型を創設

- 海外送金のニーズなどを踏まえ、100万円超の高額送金を取扱可能な新しい類型（認可制）を創設

- 事業者破綻時に利用者に与え得る影響を踏まえ、利用者資金の受入れを最小限度とするため、具体的な送金指図を伴わない資金の受入れを禁止※

※ 事業者は、送金先や送金日時が決まっている資金のみ、利用者から受入れ可能。

○ 少額送金を取り扱う類型の規制を合理化

- 送金コストのさらなる削減の観点から、利用者の資金について、供託等に代えて、分別した預金で管理することを認める（外部監査を義務付け）

○ 現行の枠組みは維持（上記とあわせて、資金移動業は3類型に）

利用者保護のための措置

○ いわゆる収納代行のうち、「割り勘アプリ」のように実質的に個人間送金を行う行為が、資金移動業の規制対象であることを明確化

※ 上記のほか、店頭デリバティブ取引について、取引情報の報告先を取引情報蓄積機関に一元化するための規定を整備　等

安定的かつ効率的な資金決済制度の構築を図るための
資金決済に関する法律等の一部を改正する法律案の概要

令和4年6月3日成立
6月10日公布

金融のデジタル化等に対応し、安定的かつ効率的な資金決済制度を構築する必要

○ 海外における電子的支払手段 (いわゆるステーブルコイン (注)) の発行・流通の増加

  (注) 利用者保護等に課題があるとの指摘

○ 銀行等における取引モニタリング等の更なる実効性向上の必要性の高まり (注)

  (注) 銀行界においてマネロン対応の共同化の動き

○ 高額で価値の電子的な移転が可能な前払式支払手段の広がり

電子決済手段等への対応

電子決済手段等取引業等の創設

○ 適切な**利用者保護等**を確保するとともに、分散台帳技術等を活用した**金融イノベーションに向けた取組み等**を促進

○ 電子決済手段等の発行者 (銀行・信託会社等) と利用者との間に立ち、**以下の行為を行う仲介者**について、登録制を導入

  [対象行為] ➤ 電子決済手段の売買・交換、管理、媒介等
            ➤ 銀行等を代理して預金債権等の増減を行う行為
  [参入要件] 一定の財産的基礎、業務を適正かつ確実に遂行できる体制等
  [規制内容] 利用者への情報提供、体制整備義務等
  [監　　督] 報告、資料の提出命令、立入検査、業務改善命令等
    【銀行法第2条、第52条の60の3～第52条の60の35等 (信用金庫・信用組合の関連法も同様に「措置」)】

※ 電子決済手段；不特定の者に対して代価の弁済に使用すること等ができる通貨建資産であって、電子情報処理組織を用いて移転することができるもの等

※ 電子決済手段に該当する一定の信託受益権について金融商品取引法の適用対象から除外し、発行者となる信託会社等について資金決済法等の規律を適用
    【金融商品取引法第2条等】【資金決済法第37条の2等】

※ 預金債権の増減を行う電子決済等取扱業者について、預金保険機構による報告、資料の提出命令、立入検査等に関する規定を整備
    【預金保険法第37条等】

※ 仲介者たる電子決済手段等取引業者及び電子決済等取扱業者について、犯罪収益移転防止法の取引時確認義務等に関する規定を整備
    【犯罪収益移転防止法第2条等】

銀行等による取引モニタリング等の共同化への対応

為替取引分析業の創設

○ 預金取扱金融機関等の委託を受けて、為替取引に関し、**以下の行為を共同化して実施する為替取引分析業者**について、**業務運営の質を確保**する観点から、許可制を導入　【資金決済法第2条、第63条の23～第63条の42等】

  [対象行為] ➤ 顧客の制裁対象者該当性の分析等 (取引フィルタリング)
            ➤ 「疑わしい取引」該当性の分析等 (取引モニタリング)
  [参入要件] 一定の財産的基礎、業務を適正かつ確実に遂行できる体制等
  [規制内容] 情報の適切な管理、体制整備義務等
  [監　　督] 報告、資料の提出命令、立入検査、業務改善命令等

高額電子移転可能型前払式支払手段への対応

○ **高額電子移転可能型前払式支払手段**の発行者について、不正利用の防止等を求める観点から、業務実施計画の届出、犯罪収益移転防止法の取引時確認義務等に関する規定を整備

※ 高額電子移転可能型前払式支払手段；電子情報処理組織を用いて高額の価値移転等を行うことができる第三者型前払式支払手段等
    【資金決済法第3条、第11条の2等】
    【犯罪収益移転防止法第2条等】

[参考]　既に公表した「金融商品取引法研究会（証券取引法研究会）研究記録」

第 13 号「敵対的買収に関する法規制」　　　　　　　　　　2006 年 5 月
　　　　報告者　中東正文名古屋大学教授

第 14 号「証券アナリスト規制と強制情報開示・不公正取引規制」　2006 年 7 月
　　　　報告者　戸田暁京都大学助教授

第 15 号「新会社法のもとでの株式買取請求権制度」　　　　2006 年 9 月
　　　　報告者　藤田友敬東京大学教授

第 16 号「証券取引法改正に係る政令等について」　　　　　2006 年 12 月
　　（ＴＯＢ、大量保有報告関係、内部統制報告関係）
　　　　報告者　池田唯一　金融庁総務企画局企業開示課長

第 17 号「間接保有証券に関するユニドロア条約策定作業の状況」　2007 年 5 月
　　　　報告者　神田秀樹　東京大学大学院法学政治学研究科教授

第 18 号「金融商品取引法の政令・内閣府令について」　　　2007 年 6 月
　　　　報告者　三井秀範　金融庁総務企画局市場課長

第 19 号「特定投資家・一般投資家について—自主規制業務を中心に—」　2007 年 9 月
　　　　報告者　青木浩子　千葉大学大学院専門法務研究科教授

第 20 号「金融商品取引所について」　　　　　　　　　　　2007 年 10 月
　　　　報告者　前田雅弘　京都大学大学院法学研究科教授

第 21 号「不公正取引について–村上ファンド事件を中心に–」　2008 年 1 月
　　　　報告者　太田 洋 西村あさひ法律事務所パートナー・弁護士

第 22 号「大量保有報告制度」　　　　　　　　　　　　　　2008 年 3 月
　　　　報告者　神作裕之　東京大学大学院法学政治学研究科教授

第 23 号「開示制度（Ⅰ）—企業再編成に係る開示制度および　　2008 年 4 月
　　集団投資スキーム持分等の開示制度—」
　　　　報告者　川口恭弘 同志社大学大学院法学研究科教授

第 24 号「開示制度（Ⅱ）—確認書、内部統制報告書、四半期報告書—」　2008 年 7 月
　　　　報告者　戸田　暁　京都大学大学院法学研究科准教授

第 25 号「有価証券の範囲」　　　　　　　　　　　　　　　2008 年 7 月
　　　　報告者　藤田友敬　東京大学大学院法学政治学研究科教授

第 26 号「民事責任規定・エンフォースメント」　　　　　　2008 年 10 月
　　　　報告者　近藤光男　神戸大学大学院法学研究科教授

第 27 号「金融機関による説明義務・適合性の原則と金融商品販売法」2009 年 1 月
　　　　報告者　山田剛志　新潟大学大学院実務法学研究科准教授

第 28 号「集団投資スキーム（ファンド）規制」　　　　　　2009 年 3 月
　　　　報告者　中村聡 森・濱田松本法律事務所パートナー・弁護士

第 29 号「金融商品取引業の業規制」　　　　　　　　　　　　2009 年 4 月
　　　　報告者　黒沼悦郎　早稲田大学大学院法務研究科教授

第 30 号「公開買付け制度」　　　　　　　　　　　　　　　　2009 年 7 月
　　　　報告者　中東正文　名古屋大学大学院法学研究科教授

第 31 号「最近の金融商品取引法の改正について」　　　　　　2011 年 3 月
　　　　報告者　藤本拓資　金融庁総務企画局市場課長

第 32 号「金融商品取引業における利益相反　　　　　　　　　2011 年 6 月
　　　　―利益相反管理体制の整備業務を中心として―」
　　　　報告者　神作裕之　東京大学大学院法学政治学研究科教授

第 33 号「顧客との個別の取引条件における特別の利益提供に関する問題」2011 年 9 月
　　　　報告者　青木浩子　千葉大学大学院専門法務研究科教授
　　　　　　　　松本譲治　ＳＭＢＣ日興証券　法務部長

第 34 号「ライツ・オファリングの円滑な利用に向けた制度整備と課題」2011 年 11 月
　　　　報告者　前田雅弘　京都大学大学院法学研究科教授

第 35 号「公開買付規制を巡る近時の諸問題」　　　　　　　　2012 年 2 月
　　　　報告者　太田 洋 西村あさひ法律事務所弁護士・ＮＹ州弁護士

第 36 号「格付会社への規制」　　　　　　　　　　　　　　　2012 年 6 月
　　　　報告者　山田剛志　成城大学法学部教授

第 37 号「金商法第 6 章の不公正取引規制の体系」　　　　　　2012 年 7 月
　　　　報告者　松尾直彦　東京大学大学院法学政治学研究科客員
　　　　　　　　教授・西村あさひ法律事務所弁護士

第 38 号「キャッシュ・アウト法制」　　　　　　　　　　　　2012 年 10 月
　　　　報告者　中東正文　名古屋大学大学院法学研究科教授

第 39 号「デリバティブに関する規制」　　　　　　　　　　　2012 年 11 月
　　　　報告者　神田秀樹　東京大学大学院法学政治学研究科教授

第 40 号「米国 JOBS 法による証券規制の変革」　　　　　　　2013 年 1 月
　　　　報告者　中村聡 森・濱田松本法律事務所パートナー・弁護士

第 41 号「金融商品取引法の役員の責任と会社法の役員の責任　2013 年 3 月
　　　　―虚偽記載をめぐる役員の責任を中心に―」
　　　　報告者　近藤光男　神戸大学大学院法学研究科教授

第 42 号「ドッド＝フランク法における信用リスクの保持ルールについて」2013 年 4 月
　　　　報告者　黒沼悦郎　早稲田大学大学院法務研究科教授

第 43 号「相場操縦の規制」　　　　　　　　　　　　　　　　2013 年 8 月
　　　　報告者　藤田友敬　東京大学大学院法学政治学研究科教授

第 44 号「法人関係情報」　　　　　　　　　　　　　　　　2013 年 10 月
　　　　報告者　川口恭弘　同志社大学大学院法学研究科教授
　　　　　　　　平田公一　日本証券業協会常務執行役

第 45 号「最近の金融商品取引法の改正について」　　　　2014 年 6 月
　　　　報告者　藤本拓資　金融庁総務企画局企画課長

第 46 号「リテール顧客向けデリバティブ関連商品販売における民事責任　2014 年 9 月
　　　　─「新規な説明義務」を中心として─」
　　　　報告者　青木浩子　千葉大学大学院専門法務研究科教授

第 47 号「投資者保護基金制度」　　　　　　　　　　　　2014 年 10 月
　　　　報告者　神田秀樹　東京大学大学院法学政治学研究科教授

第 48 号「市場に対する詐欺に関する米国判例の動向について」　2015 年 1 月
　　　　報告者　黒沼悦郎　早稲田大学大学院法務研究科教授

第 49 号「継続開示義務者の範囲─アメリカ法を中心に─」　2015 年 3 月
　　　　報告者　飯田秀総　神戸大学大学院法学研究科准教授

第 50 号「証券会社の破綻と投資者保護基金　　　　　　　2015 年 5 月
　　　　─金融商品取引法と預金保険法の交錯─」
　　　　報告者　山田剛志　成城大学大学院法学研究科教授

第 51 号「インサイダー取引規制と自己株式」　　　　　　2015 年 7 月
　　　　報告者　前田雅弘　京都大学大学院法学研究科教授

第 52 号「金商法において利用されない制度と利用される制度の制限」　2015 年 8 月
　　　　報告者　松尾直彦　東京大学大学院法学政治学研究科
　　　　　　　　　　　　　客員教授・弁護士

第 53 号「証券訴訟を巡る近時の諸問題　　　　　　　　　2015 年 10 月
　　　　─流通市場において不実開示を行った提出会社の責任を中心に─」
　　　　報告者　太田 洋 西村あさひ法律事務所パートナー・弁護士

第 54 号「適合性の原則」　　　　　　　　　　　　　　　2016 年 3 月
　　　　報告者　川口恭弘　同志社大学大学院法学研究科教授

第 55 号「金商法の観点から見たコーポレートガバナンス・コード」　2016 年 5 月
　　　　報告者　神作裕之　東京大学大学院法学政治学研究科教授

第 56 号「EUにおける投資型クラウドファンディング規制」　2016 年 7 月
　　　　報告者　松尾健一　大阪大学大学院法学研究科准教授

第 57 号「上場会社による種類株式の利用」　　　　　　　2016 年 9 月
　　　　報告者　加藤貴仁　東京大学大学院法学政治学研究科准教授

第 58 号「公開買付前置型キャッシュアウトにおける　　　　　2016年11月
　　　　　価格決定請求と公正な対価」
　　　　　　　　報告者　藤田友敬　東京大学大学院法学政治学研究科教授

第 59 号「平成26年会社法改正後のキャッシュ・アウト法制」2017 年 1 月
　　　　　　　　報告者　中東正文　名古屋大学大学院法学研究科教授

第 60 号「流通市場の投資家による発行会社に対する証券訴訟の実態」2017 年 3 月
　　　　　　　　報告者　後藤　元　東京大学大学院法学政治学研究科准教授

第 61 号「米国における投資助言業者（investment adviser）　2017 年 5 月
　　　　　の負う信認義務」
　　　　　　　　報告者　萬澤陽子　専修大学法学部准教授・当研究所客員研究員

第 62 号「最近の金融商品取引法の改正について」　　　　　　2018 年 2 月
　　　　　　　　報告者　小森卓郎　金融庁総務企画局市場課長

第 63 号「監査報告書の見直し」　　　　　　　　　　　　　　2018 年 3 月
　　　　　　　　報告者　弥永真生　筑波大学ビジネスサイエンス系
　　　　　　　　　　　　　　　　　ビジネス科学研究科教授

第 64 号「フェア・ディスクロージャー・ルールについて」　2018 年 6 月
　　　　　　　　報告者　大崎貞和　野村総合研究所未来創発センターフェロー

第 65 号「外国為替証拠金取引のレバレッジ規制」　　　　　　2018 年 8 月
　　　　　　　　報告者　飯田秀総　東京大学大学院法学政治学研究科准教授

第 66 号「一般的不公正取引規制に関する一考察」　　　　　　2018 年12月
　　　　　　　　報告者　松井秀征　立教大学法学部教授

第 67 号「仮想通貨・ＩＣＯに関する法規制・自主規制」　　2019 年 3 月
　　　　　　　　報告者　河村賢治　立教大学大学院法務研究科教授

第 68 号「投資信託・投資法人関連法制に関する問題意識について」2019 年 5 月
　　　　　　　　報告者　松尾直彦　東京大学大学院法学政治学研究科
　　　　　　　　　　　　　　　　　客員教授・弁護士

第 69 号「「政策保有株式」に関する開示規制の再構築について」2019 年 7 月
　　　　　　　　報告者　加藤貴仁　東京大学大学院法学政治学研究科教授

第 70 号「複数議決権株式を用いた株主構造のコントロール」2019 年11月
　　　　　　　　報告者　松井智予　上智大学大学院法学研究科教授

第 71 号「会社法・証券法における分散台帳の利用　　　　　　2020 年 2 月
　　　　　　―デラウェア州会社法改正などを参考として」
　　　　　　　　報告者　小出　篤　学習院大学法学部教授

第 72 号「スチュワードシップコードの目的とその多様性」　2020 年 5 月
　　　　　　　　報告者　後藤　元　東京大学大学院法学政治学研究科教授

第 73 号「インデックスファンドとコーポレートガバナンス」2020 年 7 月
　　　　報告者　松尾健一　大阪大学大学院高等司法研究科教授

第 74 号「株対価 M&A/株式交付制度について」　　　　　　2020 年 8 月
　　　　報告者　武井一浩　西村あさひ法律事務所パートナー弁護士

第 75 号「取締役の報酬に関する会社法の見直し」　　　　2021 年 2 月
　　　　報告者　尾崎悠一　東京都立大学大学院法学政治学研究科教授

第 76 号「投資助言業に係る規制 —ドイツ法との比較を中心として—」2021 年 6 月
　　　　報告者　神作裕之　東京大学大学院法学政治学研究科教授

第 77 号「インサイダー取引規制について」　　　　　　　2021 年 8 月
　　　　報告者　宮下　央　ＴＭＩ総合法律事務所弁護士

第 78 号「敵対的買収防衛策の新局面」　　　　　　　　　2021 年 10 月
　　　　報告者　中東正文　名古屋大学大学院法学研究科教授

第 79 号「事前警告型買収防衛策の許容性　　　　　　　　2021 年 12 月
　　　　　—近時の裁判例の提起する問題—」
　　　　報告者　藤田友敬　東京大学大学院法学政治学研究科教授

金融商品取引法研究会研究記録　第 80 号

金商法の改正案を含む最近の市場行政の
動きについて
　　令和 5 年 11 月 2 日
　　　　　　　　　　定価 550 円（本体 500 円 + 税 10%）

　　　編　者　　金 融 商 品 取 引 法 研 究 会
　　　発行者　　公益財団法人　日本証券経済研究所
　　　　　　　　東京都中央区日本橋 2-11-2
　　　　　　　　〒 103-0027
　　　　　　　　電話　03（6225）2326 代表
　　　　　　　　URL: https://www.jsri.or.jp

ISBN978-4-89032-696-9 C3032 ¥500E
定価 550 円（本体 500 円 + 税 10%）